前　言

全球贸易的90%是通过海运完成的,船舶作为全球社会经济发展的主要运输工具之一引发的生态环境污染问题也日益严重。由于世界经济增长带来的环境污染问题受到了国际社会的持续关注。联合国政府间谈判委员会就气候变化问题先后达成了《联合国气候变化框架公约》(1992 年)、《京都议定书》(1997 年)、《巴黎协定》(2015 年)。国际海事组织(IMO)制定和出台了一系列防止船舶污染环境的强制性公约和规则,如《国际船舶压载水和沉积物控制与管理公约》《2009 年香港国际安全与环境无害化拆船公约》以及《国际防止船舶造成污染公约》(MARPOL 公约)附则Ⅵ关于新船能效设计指数(EEDI)、现有船舶能效指数(EEXI)、船舶营运碳强度指标(CII)的船舶能效规则等。

中国船舶科学研究中心的团队多年来跟踪 IMO 船舶能效规则的制定动态,研究和开发船用节能增效技术,应用船舶线型优化和船体表面减阻技术降低船舶阻力,应用高效推进技术提高船舶推进效率,采用水动力节能装置改善船尾流场并提高船舶推进效率,应用风力辅助推进船舶航行。相关科研成果已应用于数百艘商船,并取得了良好的社会效益。

本书从船舶能效规则与低碳发展思路出发,详细介绍了 IMO 船舶能效规则,提出了船舶绿色低碳发展思路。全书共 5 章,第 1 章主要介绍 IMO 船舶能效规则的制定历程与最新发展;第 2 章主要介绍 MARPOL 公约附则Ⅵ框架下新船能效设计指数(EEDI)要求、计算方法、检验和发证方法;第 3 章主要介绍 MARPOL 公约附则Ⅵ框架下现有船舶能效指数(EEXI)要求、计算方法、检验和发证方法,以及为满足 EEXI 要求采用的轴/发动机功率限制系统和储备功率使用要求;第 4 章主要介绍 MARPOL 公约附则Ⅵ框架下船舶营运碳强度指标(CII)及其计算方法、基线、折减系数、评级方法以及 CII 强制实施所带来的影响;第 5 章结合国内外绿色船舶发展现状,从船用替代燃料、绿色动力装置与系统、船上碳捕捉利用与封存技术、节能增效技术等方面,提出了船舶绿色低碳发展思路。

本书由周伟新、胡琼、王艳霞、陈京普编著。其中第 1 章由周伟新和胡琼撰写,第 2 章由胡琼和陈京普撰写,第 3、4 章由王艳霞和周诗楠撰写,第 5 章由周伟新和胡琼撰写。最后由周伟新和陈京普审阅、统稿并对全书进行润色。

本书得到了哈尔滨工业大学出版社的大力支持,在此表示衷心的感谢!

期望本书能帮助高校年轻教师与研究生了解 IMO 船舶能效规则的具体要求以及船舶绿色低碳技术的发展趋势。由于作者学识与水平所限,书中难免有疏漏和不当之处,恳请读者批评指正。

作　者

2023 年 4 月于上海

船舶能效规则与低碳发展思路

周伟新　胡　琼　王艳霞　陈京普　编著

哈爾濱工業大學出版社

内 容 简 介

本书从船舶能效规则与低碳发展思路出发，详细介绍了国际海事组织（IMO）船舶能效规则的制定历程及其最新发展，同时还介绍了《国际防止船舶造成污染公约》（MARPOL公约）附则Ⅵ框架下新船能效设计指数（EEDI）、现有船舶能效指数（EEXI）、船舶营运碳强度指标（CII）等技术要求。本书结合国内外绿色船舶发展现状，从船用替代燃料、绿色动力装置与系统、船上碳捕捉利用与封存技术、节能增效技术等方面，提出了船舶绿色低碳发展思路。期望高校年轻教师与研究生能够通过本书了解IMO船舶能效规则的具体要求以及船舶绿色低碳技术的发展趋势。

本书可供从事船舶节能技术相关研究的科研人员、研究生以及工程技术人员阅读参考。

图书在版编目（CIP）数据

船舶能效规则与低碳发展思路/周伟新等编著. —
哈尔滨：哈尔滨工业大学出版社，2023.7
ISBN 978 - 7 - 5767 - 0984 - 1

Ⅰ.①船…　Ⅱ.①周…　Ⅲ.①船舶工程-二氧化碳-排气-研究　Ⅳ.①U692

中国版本图书馆CIP数据核字（2023）第135243号

CHUANBO NENGXIAO GUIZE YU DITAN FAZHANG SILU

策划编辑　杨秀华
责任编辑　李　鹏
特约编辑　陈美平
封面设计　刘　乐
出版发行　哈尔滨工业大学出版社
社　　址　哈尔滨市南岗区复华四道街10号　邮编150006
传　　真　0451 - 86414749
网　　址　http://hitpress.hit.edu.cn
印　　刷　哈尔滨博奇印刷有限公司
开　　本　787mm×960mm　1/16　印张9.5　字数154千字
版　　次　2023年7月第1版　2023年7月第1次印刷
书　　号　ISBN 978 - 7 - 5767 - 0984 - 1
定　　价　68.00元

目　　录

第1章　IMO船舶能效规则的制定历程与最新发展

船舶是当今世界主要的运输工具之一，拥有着其他运输工具无法比拟的优势。随着世界经济一体化进程的加快，海上运输日益繁忙，国际航运业承担了全球贸易90%以上的运输任务。与此同时，越来越严峻的船舶环境污染问题，例如温室气体二氧化碳（CO_2）、污染物氮氧化物（NO_x）和硫氧化物（SO_x）的排放问题，垃圾废弃物处置和生活污水排放问题，压载水处理问题，拆船环境污染问题等，这些都已成为人们关注的焦点[1]，特别是航运温室气体和污染物排放问题更成为国际社会持续关注的热点。为此，从1997年《国际防止船舶造成污染公约》（简称MARPOL公约）缔约国大会开始，国际海事组织（International Maritime Organization，IMO）不断以制定强制性公约和规范的形式来加强对海洋环境和大气环境的保护，出台了一系列有关船舶节能减排的新公约、新规范和新标准，如压载水管理公约、拆船公约、新船能效设计指数（EEDI）、船用柴油机Tier Ⅲ NO_x 排放控制标准、"限硫令"等，并研究制订船舶温室气体（GHG）减排战略。

1.1　IMO关于船舶减排的行动和措施

为应对全球气候变暖，在1997年MARPOL公约缔约国大会上，IMO通过了一项关于船舶 CO_2 排放问题的决议，包括与《联合国气候变化框架公约》（UNFCCC）合作，进行船舶 CO_2 排放控制的研究，以确定船舶 CO_2 排放量及其占全球总排放量的比例；要求IMO下设的海上环境保护委员会（MEPC）根据 CO_2 与大气污染物的关系（尤其是 NO_x，NO_x 的排放与 CO_2 的减排可能呈现一个反向关系）考虑可行的 CO_2 减排战略。此后，IMO在2003

年11月5日以第A.963(23)号决议通过了《IMO关于船舶温室气体减排的政策和实践》[2]，敦促MEPC确定和制定为实现限制或减少国际航运温室气体排放所需的机制，包括设立温室气体排放基线；制定以温室气体排放指数来表示一艘船舶温室气体效率的方法体系（应认识到CO_2是船舶排放的主要温室气体）；制定可以在实践上应用温室气体排放指数的导则，用以解决校验等事项；评估技术、操作和基于市场的解决方案。

经过多年的准备和谈判，IMO确定了控制船舶温室气体排放的政策，其关于船舶减排的行动和措施主要从三个方面来开展，即技术性措施、操作性措施和市场性措施，如图1-1所示。

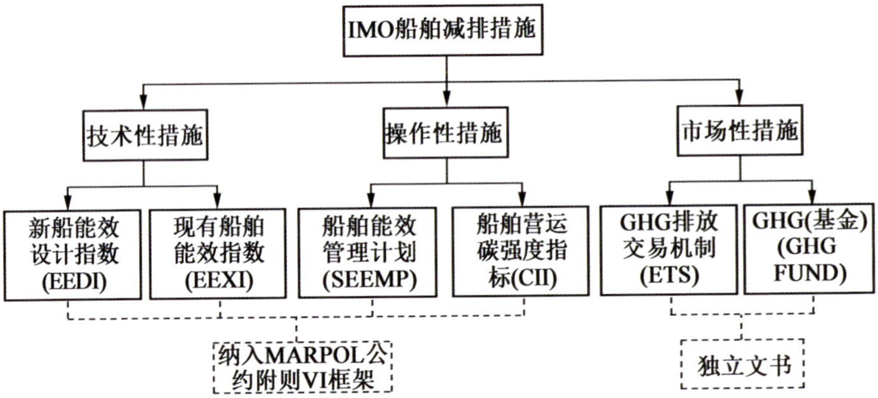

图1-1　IMO关于船舶减排的措施

技术性措施通过实施强制性船舶能效规则，即新船能效设计指数（EEDI）和现有船舶能效指数（EEXI），迫使船舶设计方、建造方和营运方采取各种技术措施，如船型优化设计、高效节能推进技术、主辅机节能技术、创新型节能技术等，从本质上提高船舶的能效水平。

操作性措施通过对船舶和船队的管理，提高船舶在实际运营中的能效水平，主要包括船舶能效管理计划（Ship Energy Efficiency Management Plan，SEEMP）和船舶营运碳强度指标（CII）。

市场性措施通过市场机制（MBMs）刺激各利益相关方最大限度地找到最符合费效比的方式实现减排，其实施方式主要有航运温室气体排放交易机制（ETS）和基金机制（GHG FUND）两种[3]。

1.2　IMO 船舶能效规则制定历程

IMO 船舶能效规则的制定过程可以划分为三个阶段：能效规则提出阶段、强制性要求制定阶段、强制性要求实施及修订阶段，如图 1-2 所示。

（1）能效规则提出阶段。

在 2003 年 11 月 5 日通过了第 A.963(23)号决议《IMO 关于船舶温室气体减排的政策和实践》之后，IMO 始终致力于研究和制定船舶温室气体减排的政策和措施，并在 2004 年 3 月召开的 MEPC 第 51 届会议上提出了技术、操作和基于市场的三大减排措施的研究路线。

在 2004 年至 2006 年期间，IMO 对船舶温室气体减排的研究主要集中在制定船舶营运过程中 CO_2 排放量限值的标准，包括如何监测 CO_2 的排放量、如何计算 CO_2 的排放量、如何设定排放限值标准等。在 2005 年 7 月召开的 MEPC 第 53 届会议上批准了《船舶 CO_2 排放指数自愿试用导则》并以 MEPC/Circ.471 号通函发布，期望通过业界的试用获得一定的经验和数据后制定船舶 CO_2 排放限值标准。然而，根据随后各国的试用反馈信息，船舶 CO_2 排放指数受到太多不确定因素的影响，如市场经济波动、船舶航线、海况等，这些因素不是船舶经营者能够预测和控制的。

在 2007 年 7 月召开的 MEPC 第 56 届会议上成立了 GHG 通信工作组，审议船舶 CO_2 排放指数的试用情况。GHG 通信工作组经过审议后认为：由于营运船舶 CO_2 排放指数受到船舶营运的多种因素影响，对全球营运船队的 CO_2 排放平均水平进行评估并设定减排目标非常困难，而从新造船的设计上入手则可采取技术性措施，如发动机优化、船型优化、使用节能技术等，比较容易实现和控制减排目标，而且这是一种长期有效的措施[4]。

在 2008 年 3 月召开的 MEPC 第 57 届会议上，由丹麦、马绍尔群岛、国际航运公会（ICS）、国际独立油轮船东协会（INTERTANKO）、波罗的海国际航运公会（BIMCO）等船东组织提出提案，首次提议要求制定“强制性新造船 CO_2 设计指数”。本次会议上日本也提出制定新造船能源效率指数的提案。经过审议，MEPC 委员会同意新造船 CO_2 设计指数的提议，并同意按技术性措施（新造船 CO_2 设计指数）、操作性措施（营运船 CO_2 排放指数）和市场性措施（市场机制）加快推进船舶温室气体减排政策的审议进程。

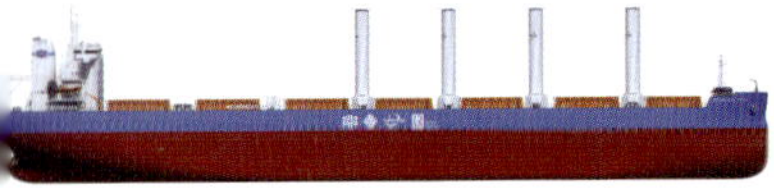

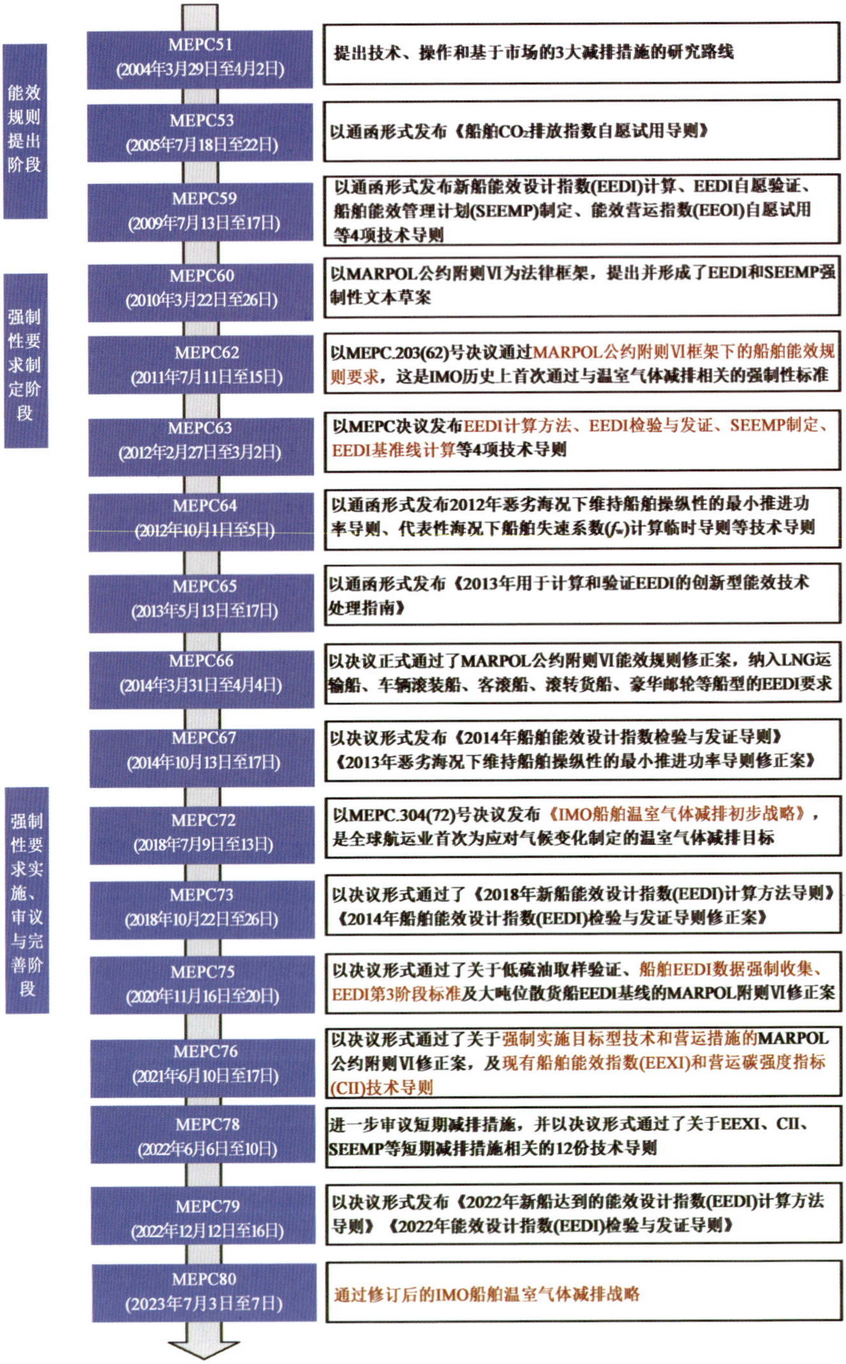

图 1-2 IMO 船舶能效规则制定历程

2008年6月,GHG通信工作组召开了第一次会间会(GHG-WG1),对CO_2设计指数的计算方法及公式进行了审议。

由于CO_2设计指数强调的是温室气体减排目标,而其公式的制定是从船舶提高能效水平的角度考虑的。从船舶提高能效水平的角度提出新造船的设计和建造标准,更符合IMO技术性规则制定者的角色。因此,当巴西在2008年10月召开的MEPC第58届会议上,提议将“船舶CO_2设计指数”改为“船舶能效设计指数”(Energy Efficiency Design Index,简称EEDI)时,立刻获得了MEPC委员会的同意。将“船舶CO_2设计指数”改为“船舶能效设计指数”,一方面可以避开“温室气体”的政治敏锐性;另一方面,“船舶能效设计指数”反映了通过船舶的设计和建造提高能效水平,更加符合IMO的国际角色。此后,IMO致力于制定和推出EEDI作为新造船能效的衡量标准。

在2009年7月召开的MEPC第59届会议上,形成了《新船能效设计指数(EEDI)计算方法临时导则》《能效设计指数(EEDI)自愿验证临时导则》《船舶能效管理计划(SEEMP)制定导则》和《能效营运指数(EEOI)自愿试用导则》等4项导则,并以通函形式发布,供业界自愿试用并提出意见或修订建议,为日后提出强制性要求并予以实施做了铺垫。

(2)强制性要求制定阶段。

EEDI导则旨在激励船东和船舶设计方通过技术改进和使用节能技术,使得新造船自设计和建造时就尽可能达到较高的能效水平。SEEMP导则旨在激励船东加强对船队和船舶的管理,提高船舶在实际运营中的能效水平。自从4项导则以通函形式供业界自愿试用后,IMO就致力于提出并实施强制性船舶能效规则。

2010年3月召开的MEPC第60届会议,以MARPOL公约附则Ⅵ为法律框架,首次提出并形成了EEDI和SEEMP强制性文本草案。随后,经过船舶能效措施第一次会间会(EE-WG1)及MEPC第61届会议的讨论、完善,2011年7月召开的MEPC第62届会议,以MARPOL公约附则Ⅵ参会缔约国投票表决的方式,最终以MEPC.203(62)决议通过了MARPOL公约附则Ⅵ框架下的船舶能效规则要求[5]。该强制性要求适用于吨位在400总吨及以上的所有海运商船,提出了EEDI标准,并要求现有船舶制订船舶能效管理计划(SEEMP)。这是IMO历史上首次通过与温室气体减排相关的强制性标准。该修正案已于2013年1月1日生效。

为了规范船舶能效规则的实施，2012 年 3 月召开的 MEPC 第 63 届会议，以 MEPC 决议的形式，正式通过了 EEDI 计算方法、EEDI 验证方法、SEEMP、EEDI 基线等 4 项导则，即：

①MEPC. 212(63)——《2012 年新船能效设计指数计算方法导则》[6]；

②MEPC. 214(63)——《2012 年船舶能效设计指数检验发证导则》[7]；

③MEPC. 213(63)——《船舶能效管理计划(SEEMP)制定导则》[8]；

④MEPC. 215(63)——《用于 EEDI 计算的基准线计算导则》[9]。

(3)强制性要求实施及修订阶段。

MARPOL 公约附则Ⅵ框架下的能效要求已于 2013 年 1 月 1 日起生效实施，但其能效条款及相关文件中仍然存在一些需要进一步修订和澄清的技术问题。而且，当时船舶能效规则规定的适用船型仅包括散货船、气体运输船、油船、集装箱船、杂货船、冷藏货物运输船和兼用船，除此之外还需进一步扩展至其他船型。同时，也需根据现有船舶的能效情况，开展对各阶段 EEDI 标准的审议。

2012 年 10 月召开的 MEPC 第 64 届会议和 2013 年 5 月召开的 MEPC 第 65 届会议，大会进一步修订和澄清了相关技术问题，包括提出了对 MARPOL 公约附则Ⅵ第 4 章的统一解释；对 MARPOL 公约附则Ⅵ能效条款及相关文件进行了完善，例如形成了对《2012 年 EEDI 计算导则和 EEDI 检验发证导则》的修正案，提出了《2012 年恶劣海况下维持船舶操纵性的最小推进功率导则》《2012 年代表性海况下船舶失速系数(f_w)计算临时导则》《2013 年用于计算和验证 EEDI 的创新型能效技术处理指南》等技术导则。

2014 年 3 月召开的 MEPC 第 66 届会议，以 MEPC. 251(66)号决议正式通过了 MARPOL 公约附则Ⅵ能效规则修正案，纳入了液化天然气(LNG)运输船、车辆滚装船、客滚船、滚装货船、豪华邮轮等船型的 EEDI 标准并定于 2015 年 9 月 1 日生效实施；以 MEPC. 245(66)号决议通过了《2014 年新船能效设计指数计算方法导则》，纳入了 LNG 运输船、车辆滚装船、客滚船、滚装货船、豪华邮轮等船型的 EEDI 计算方法，修订和补充了双燃料发动机碳转换系数(C_F)的使用方法，补充杂货船及冷藏货船的修正系数 f_j 的应用方法等。

2014 年 10 月召开的 MEPC 第 67 届会议，以 MEPC. 254(67)号决议正式通过了《2014 年船舶能效设计指数检验发证导则》，以 MEPC. 255(67)号决议通过了《2013 年恶劣海况下维持船舶操纵性的最小推进功率导则修正案》;认同我国提出的关于双燃料船舶主燃料定义的建议;并成立通信工作组开展对第2阶段(2020年1月1日至2024年12月31日)EEDI标准的技术审议。

2015年5月召开的MEPC第68届会议,对MARPOL公约附则Ⅵ能效条款及相关文件进行了修订,并以MEPC.263(68)号决议通过了《2014年EEDI计算导则(MEPC.245(66))修正案》,以MEPC.262(68)号决议通过了《2013年最小推进功率导则(经MEPC.255(67)号决议修订的MEPC.232(65)号决议)的修正案》。同时,对EEDI第2阶段实施进行了技术审议。

2016年3月召开的MEPC第69届会议,通过审议,决定维持EEDI第2阶段标准不变;同意对最小推进功率的审议与EEDI技术审议过程分开;通过了我国提交的关于双燃料发动机船舶的EEDI计算方法。

2016年10月召开的MEPC第70届会议,对第2阶段的EEDI标准进行了审议,针对美国提出的“提前实施第3阶段要求,并设立新的第4阶段”的建议,委员会考虑到目前在EEDI实施过程中还面临着大型低速船舶满足EEDI第3阶段要求存在困难、恶劣海况下维持船舶操纵性的最小推进功率评估等问题,同意在MEPC第71届会议之后,再考虑提前至2022年实施EEDI第3阶段要求和设立第4阶段的问题。此外,会议还进一步对EEDI计算导则进行了修订,以我国关于双燃料发动机船舶的EEDI计算方法的提案为基础,结合欧洲内燃机制造商协会(ERUOMOT)对于燃料低热值列表的修正建议,形成EEDI计算导则修正建议案。在船舶温室气体减排议题方面,委员会围绕IMO后续在温室气体减排方面开展的工作进行了一般性讨论,经过审议,通过了IMO船舶温室气体减排综合战略路线图。

2017年7月召开的MEPC第71届会议,成立了通信工作组,开展第3阶段EEDI要求的技术审议,对于俄罗斯提出的“将所有冰级船舶的各阶段EEDI限值标准提升5%~6%”,以及芬兰和瑞典提出的“可适用于所有船型的冰级船舶的载运能力的冰级修正系数”,纳入通信工作组的工作范围。会议重新调整了客滚船和滚装货船的基准线参数值,将大于17 000 DWT的滚装货船和10 000 DWT的客滚船的基准线设置为常值;形成的MARPOL公约附则Ⅵ修正案将于MEPC第72届会议上通过。

2018年4月召开的MEPC第72届会议,以日本牵头的通信工作组提交了阶段性工作情况报告,包括对EEDI数据的分析、节能技术应用情况、EEDI

第3阶段提前实施及制定新的第4阶段要求、冰区加强船舶修正系数等。委员会以MEPC.301(72)号决议通过了MARPOL公约附则Ⅵ修正案,正式调整了客滚船和滚装货船的基准线参数值。在船舶温室气体减排议题方面,按照MEPC第70届会议确定的船舶温室气体减排综合战略路线图,以及在MEPC第71届会议确定的IMO温室气体减排初步战略框架的基础上,以MEPC.304(72)号决议通过了《IMO船舶温室气体减排初步战略》[10]。

2018年10月召开的MEPC第73届会议,重点审议了EEDI第3阶段要求、EEDI基线标准修订、限制轴功率方法的应用等内容。经审议,委员会针对散货船、液货船、集装箱船、普通货船的EEDI第3阶段实施时间和折减率做出了初步决定:对于散货船和油船,实施时间为2025年,折减率为30%;对于集装箱船,实施时间为2022年,折减率为40%;对于普通货船,实施时间为2022年,折减率为30%。为便于相关国家和组织收集数据、开展研究并提出进一步建议方案,委员会决定将关于EEDI第3阶段要求的修正建议案推迟到MEPC第74届会议审议批准、第75届会议通过。此外,大会还审议了通信工作组关于冰级船舶EEDI修正系数的建议,以第MEPC.308(73)号决议通过了《2018年新船能效设计指数(EEDI)计算方法导则》、第MEPC.309(73)号决议通过了《2014年船舶能效设计指数(EEDI)检验与发证导则修正案》。

2019年5月召开的MEPC第74届会议,审议批准了EEDI适用的12种船型第3阶段要求的开始时间及折减系数要求。与原要求相比,集装箱船的EEDI第3阶段要求提前至2022年实施且折减系数根据其不同吨位均在原基础上有所提升;普通货船、LNG运输船、非传统推进邮轮和15 000 DWT及以上气体运输船的EEDI第3阶段要求提前至2022年实施;其他船型的EEDI第3阶段要求维持不变。大会还审议批准了我国和巴西联合提交的对于大吨位散货船EEDI基准线的修订建议。关于EEDI第3阶段要求和大吨位散货船EEDI参考线的修订,均纳入MARPOL公约附则Ⅵ第21条修正案,待MEPC第75届会议批准。此外,大会同意成立新的通信工作组,继续就引入新的EEDI第4阶段的相关事宜开展审议工作。

2020年11月召开的MEPC第75届会议,以第MEPC.324(75)号决议通过了关于低硫油取样验证、船舶EEDI数据强制收集、EEDI第3阶段标准及大吨位散货船EEDI基线相关内容的MARPOL公约附则Ⅵ修正案,其中,集装箱船、普通货船、LNG运输船、非传统推进邮轮和15 000 DWT及以上气体运输船的EEDI第3阶段要求提前至2022年4月1日,且集装箱船的EEDI第3阶段要求根据其不同吨位均在原基础上有所提升。大会还批准了关于实施目标型技术性和操作性措施以降低国际航运碳强度的MARPOL公约附则Ⅵ修正案草案,拟在MEPC第76届会议正式通过。同时,成立了由中国、日本和欧盟共同担任协调人的通信工作组,在MEPC第76届会议前完成现有船舶能效指数(EEXI)和船舶营运碳强度指标(CII)要求框架下的相关技术导则的制定,并对现有的船舶能效管理计划(SEEMP)制订、船舶燃油消耗数据收集管理、港口国控制、创新型能效技术EEDI计算验证等相关技术导则进行升级,以适应新的MARPOL公约附则Ⅵ要求。

2021年6月召开的MEPC第76届会议,通过了降低国际航运碳强度的技术和营运措施及其配套导则,包括以第MEPC.328(76)号决议通过了关于强制实施目标型技术和营运措施以降低国际航运碳强度以及免除UNSP(无人非自航驳船)检验发证要求相关内容的MARPOL公约附则Ⅵ修正案(于2022年11月1日生效)[11];审议批准了EEXI、CII相关技术文件,包括《2021年达到的现有船舶能效指数(EEXI)计算方法导则》《2021年现有船舶能效指数(EEXI)检验和发证导则》《2021年为满足EEXI要求采用的轴/发动机功率限定系统及其储备功率使用导则》《2021年营运碳强度指标及其计算方法导则(G1)》《2021年用于营运碳强度指标的基线导则(G2)》《2021年相对于基线的营运碳强度指标折减系数导则(G3)》《2021年船舶营运碳强度指标分级导则(G4)》。同时,大会以第MEPC.332(76)号决议批准了《2018年新船能效设计指数(EEDI)计算方法导则修正案》,要求强制性报告新船达到的EEDI值及其相关信息。

2021年11月召开的MEPC第77届会议,审议并批准了《2021年用于计算和验证达到的EEDI和EEXI的创新型能效技术处理指南》(MEPC.1/Circ.896),确定了风场矩阵选取方法,并同意基于应用经验对该导则保持审议;重点审议了对IMO温室气体减排初步战略修订议题,就温室气体减排战略修订(主要焦点将目标调整为在2050年实现零排放/净零排放)的合理性、可行性展开了广泛讨论,经过审议,大会认为有必要开启对IMO温室气体减排战略的修订,并给予充足的时间予以审议,以供MEPC第80届会议(2023年7月)最终通过。

2022 年 6 月召开的 MEPC 第 78 届会议，重点审议了船舶 GHG 减排相关议题，包括 IMO 船舶温室气体减排初步战略修订、第 11 次温室气体会间会（ISWG-GHG 11）报告及其相关文件、第 12 次温室气体会间会（ISWG-GHG 12）报告及其相关文件、将碳捕捉技术纳入 EEDI/EEXI 框架等内容。大会审议并通过了由 ISWG-GHG 12 先行审议的关于 EEXI、CII、SEEMP 等短期减排措施相关的技术导则，包括：

①《2022 船舶能效管理计划（SEEMP）制定导则》；

②《船舶能效管理计划（SEEMP）第Ⅲ部分主管机关验证和公司审核导则》；

③《2022 年船舶燃油消耗数据和营运碳强度主管机关验证导则》；

④《2022 年 IMO 船舶燃油消耗数据库开发和管理导则》；

⑤《非 MARPOL 公约附则Ⅵ缔约国向 IMO 数据收集系统提交数据的指南》；

⑥《2022 年现有船舶达到的能效指数（EEXI）计算方法导则》；

⑦《2022 年现有船舶达到的能效指数（EEXI）检验和发证导则》；

⑧《在役船舶性能测量方法、程序和验证指南》；

⑨《2022 年营运碳强度指标及其计算方法导则》（CII 导则，G1）；

⑩《2022 年用于营运碳强度指标的基线导则》（CII 基线导则，G2）；

⑪《2022 年船舶营运碳强度评级导则》（CII 评级导则，G4）；

⑫《2022 年用于 CII 计算的《修正系数和航程调整临时导则》（CII 导则，G5）》。

2022 年 12 月召开的 MEPC 第 79 届会议，围绕空气污染与能效、船舶温室气体减排等议题，审议了 EEDI 第 4 阶段的引入问题、EEDI 技术导则和 MARPOL 公约附则Ⅵ统一解释相关提案、第 13 次温室气体会间会（ISWG-GHG 13）报告及其相关文件。在船舶能效议题方面，大会最终决定暂时不就 EEDI 第 4 阶段的引入开展讨论，但仍邀请感兴趣的成员国和组织继续就此提交提案；同时，以第 MEPC. 364（79）号决议通过了《2022 年新船达到的能效设计指数（EEDI）计算方法导则》，纳入乙烷的碳转换系数，完善了采用轴带发电机后功率计算的文本表述，加入了对多重载重线情况的 EEDI 计算要求，明确 EEDI 计算仅针对最大夏季吃水载重线；以第 MEPC. 365（79）号决议通过了《2022 年能效设计指数（EEDI）检验与发证导则》，明确将 ITTC 推荐规程 7. 5-04-01-01. 1《速度/功率试验的准备、实施与分析》（2017 版、2021 版或 2022 版，视海上试验时适用情况而定）或 ISO 15016:2015 作为船船测速试航要求；以第 MEPC. 1/Circ. 795/Rev. 7 号通函发布了 MARPOL 公约附则Ⅵ统一解释，加入了对 EEDI 数据收集要求的澄清，明确船上蒸发气体需纳入 IMO 数据收集系统（DCS）收集，明确了对船舶 SEEMP 第Ⅲ部分及 CII 相关的执行要求。在船舶温室气体减排议题方面，大会批准并通过了 ISWG-GHG 13 会间会工作报告及工作组完成的《修订后的候选措施对各国影响的评估程序》（MEPC. 1/Circ. 885/Rev. 1）；从战略愿景、候选措施、对成员国的影响、后续行动和周期审议方面对初步战略修订开展了进一步讨论，并形成了新的战略修订稿供后续工作组和 MEPC 大会审议，大会明确将在 MEPC 第 80 届会议通过修订后的温室气体减排战略。

2023 年 7 月召开的 MEPC 第 80 届会议，在船舶能效方面，委员会以第 MEPC. 375（80）号决议通过了《2021 年为满足 EEXI 要求采用的轴/发动机功率限定系统及其储备功率使用导则修正案》，针对储备功率使用，明确了需要记录的数据和信息及其上报的具体实施要求和上报模板，但围绕轴/发动机功率限定纳入 EEDI 框架的问题，大会仍未能就主机功率计算等问题达成一致；批准了 MARPOL 公约附则Ⅵ修正案（将在 MEPC 第 81 届会议通过），对燃油消耗数据收集要求进行了细化，未来对主机、辅机及锅炉等设备的燃油消耗数据需要分开上报，数据收集表中新增了船舶年度货运周转量、使用的节能技术的类别、使用的岸电量、自愿上报重载航行距离等信息。在船舶温室气体减排议题方面，委员会以第 MEPC. 377（80）号决议通过了《2023 年 IMO 船舶温室气体减排战略》[14]，进一步收紧了国际航运温室气体减排要求，明确应尽快实现国际航运温室气体达峰，并考虑到不同的国情，在 2050 年前或 2050 年左右（即接近 2050 年），实现净零排放；以第 MEPC. 376（80）号决议通过了《船用燃料全生命周期温室气体强度导则》，同意成立会后通信工作组，围绕燃料上船前的排放数据收集、船端排放默认值、新技术的排放核算方法等开展工作，并向 MEPC 第 81 届会议提交报告。

1.3　IMO 船舶温室气体减排战略

在 1997 年 MARPOL 公约缔约国大会上，IMO 要求 MEPC 审议可行的温室气体减排战略。经过多年的研究和谈判，MEPC 第 72 届会议（2018 年 4

月)以第 MEPC. 304(72)号决议通过了《IMO 船舶温室气体减排初步战略》(以下简写为"初步战略"),从背景、愿景、减排力度和指导原则、短期/中期/长期候选减排措施及其影响、存在的障碍及支持性措施、后续行动、定期审议等 7 个方面,对国际航运业应对气候变化行动做了总体安排,旨在与气候变化协定《巴黎协定》中规定的温控目标保持一致,推动国际航运业尽快减排,并在本世纪内实现温室气体零排放。这是全球航运业首次为应对气候变化制定的温室气体减排目标,是 IMO 在航运温室气体减排谈判进程中一个重要的里程碑,向国际社会传递出航运业加快向低碳转型的强有力信号。之后,MEPC 对初步战略进行了持续审议,从战略愿景、候选措施、对成员国的影响、后续行动等方面展开了广泛讨论。在 MEPC 第 80 届会议(2023 年 7 月)通过了《2023 年 IMO 船舶温室气体减排战略》(以下简写为"2023 减排战略"),进一步收紧了国际航运温室气体减排要求。与一些国家或地区提出的减排激进方案相比,2023 减排战略更加务实,但与初步战略相比,船舶温室气体减排的进程被大大加快。

1.3.1 背景和目的

1.3.1.1 背景

2023 减排战略代表了 IMO 在解决国际航运温室气体减排问题方面的持续性工作。在制定 2023 减排战略及其后续修订的过程中,IMO 主要考虑了如下文书及背景情况:

(1)其他已有的与海洋法相关的文件,包括《联合国海洋法公约》(UNCLOS),以及与气候变化相关的文件,包括《联合国气候变化框架公约》(UNFCCC)及其相关法律文件,包括《巴黎协定》;

(2)IMO 的首要职责是制定、通过和帮助实施与国际航运有关的环境规则;

(3)2017 年 12 月 IMO 第 30 届大会通过的题为"应对气候变化"的 IMO 政策方向的决定;

(4)联合国 2030 年可持续发展议程。

1.3.1.2 排放和排放情景

根据 2014 年《第 3 次 IMO 温室气体研究报告》[12],国际航运温室气体排放量在 2012 年约占人类活动产生的 CO_2 排放量的 2.2%,到 2050 年将增长 50%~250%。

根据 2020 年《第 4 次 IMO 温室气体研究报告》,航运温室气体排放量在 2018 年约占全球人类活动产生的温室气体排放量的 2.89%,到 2050 年可能占 2008 年排放量的 90%~130%。利用 IMO 船舶燃油消耗数据库和其他相关来源的现有数据,对未来的 IMO 年度排放和碳强度进行评估,将有助于减少与排放评估和情景有关的不确定性。

1.3.1.3　制定减排战略的目的

IMO 制定减排战略的目的有以下几条。

(1)通过解决国际航运温室气体排放,加大 IMO 对全球行动的贡献。解决温室气体排放的国际行动,包括《巴黎协定》及其目标和《联合国 2030 年可持续发展议程》及其可持续发展目标第 13 条"采取紧急行动应对气候变化及其影响"。

(2)酌情确定国际航运部门将采取的行动,同时处理好对各国的影响,并认识到国际航运在支持全球贸易和海运服务的持续发展方面的关键作用。

(3)酌情确定行动和措施以帮助实现上述目标,包括鼓励研究、开发以及监测国际航运温室气体排放。

1.3.2　愿景

IMO 持续致力于国际航运温室气体减排,并且作为当务之急,尽快逐步消除国际航运温室气体排放,并且在战略的背景下,促进公平和公正转型。

1.3.3　减排目标和指导原则

2023 减排战略确定了国际航运的减排目标,并针对国际航运实现温室气体净零排放,设置了 2 个指标性校核点。同时指出,减排目标和指标性校核点均应根据 IMO 制定的《船用燃料全生命周期温室气体强度导则》中的能源系统边界,考虑全生命周期温室气体排放。

1.3.3.1　减排目标

2023 减排战略从 4 个方面提出了国际航运减排的具体目标。

(1)通过进一步提高新船能效来降低船舶碳强度。即通过审议 EEDI 强制性要求的各个阶段,提高船舶能效设计要求。

(2)国际航运碳强度下降。与 2008 年相比,国际航运每单位运输活动的平均 CO_2 排放量到 2030 年至少降低 40%。据统计,2008 年国际航运产生

的 CO_2 排放量为 9.21 亿 t[12]。

(3)增加对零/近零温室气体排放的技术、燃料和/或能源的使用。到 2030 年,零/近零温室气体排放技术、燃料和/或能源的应用,在国际航运所用能源中的占比至少达到 5%,并力争达到 10%。

(4)实现国际航运温室气体净零排放。尽快实现国际航运温室气体达峰,并考虑到不同的国情,在 2050 年前或 2050 年左右(即接近 2050 年),实现温室气体净零排放,同时,与《巴黎协定》第 2 条规定的长期温控目标一致,努力按照愿景的要求逐步消除国际航运温室气体排放。

1.3.3.2 指标性校核点

针对国际航运实现温室气体净零排放,设置了两个指标性校核点。

(1)与 2008 年相比,国际航运温室气体年度总排放量到 2030 年至少降低 20%,并力争降低 30%。

(2)与 2008 年相比,国际航运温室气体年度总排放量到 2040 年至少降低 70%,并力争降低 80%。

1.3.3.3 指导原则

2023 减排战略的指导原则包括以下几条。

(1)已经制定的文件中明文列出的原则,如 MARPOL 公约和其他 IMO 公约下的非歧视原则和不予优惠原则、UNFCCC 及其《京都议定书》《巴黎协定》所载的根据不同国情承担的“共同但有区别的责任”原则、各自能力原则。

(2)该要求不论船旗如何,对所有船舶全面生效,执行强制性措施,以保证战略的有效执行。

(3)需要考虑有关措施对缔约国的影响,包括对发展中国家的影响,尤其是对最不发达国家和小岛屿发展中国家的影响,以及他们新出现的具体需求。

(4)决策的做出应基于证据,并且平衡考虑 MEPC.67(37)号决议[13]中指出的审慎原则。

1.3.4　短、中、长期候选措施和可能的时间表及其对缔约国的影响

MEPC 提出了短、中、长期温室气体减排候选措施清单，并指出，所列的候选措施清单并非详尽无遗，不影响 IMO 可能进一步考虑和采取的措施。

1.3.4.1　短期温室气体减排措施

短期温室气体减排措施是指 MEPC 在 2018 年至 2023 年之间最终确定并达成一致的措施，主要包括以下几条：

(1)纳入 MARPOL 公约附则Ⅵ的 EEDI、SEEMP、EEXI、CII 等强制性能效规则，以及支撑这些强制性能效规则实施的一系列技术导则；

(2)邀请成员国鼓励港口和航运业开展自愿合作以促进船舶温室气体减排；

(3)同意设立一个多方捐助者自愿信托基金——温室气体技术合作信托基金，为技术合作和能力建设行动提供专门的资金支持来源；

(4)鼓励成员国制定和提交自愿国家行动计划，以解决船舶温室气体排放问题；

(5)进行了第 4 次温室气体排放研究，为政策决策提供信息；

(6)认识到黑碳是造成气候变暖的一个短期因素，并于 MEPC 第 77 届会议(2021 年 11 月)通过了关于保护北极免受黑碳排放影响的第 MEPC.342(77)号决议(非强制性决议)；

(7)于 MEPC 第 80 届会议(2023 年 7 月)通过了第 MEPC.376(80)号决议《船用燃料全生命周期温室气体强度导则》。

根据 MARPOL 公约附则Ⅵ第 25.3 条和第 28.11 条的规定，MEPC 应在 2026 年 1 月 1 日前完成对降低国际航运碳强度的目标型强制性技术措施和操作措施(即短期温室气体减排措施)的审议。

1.3.4.2　一揽子中期温室气体减排候选措施

一揽子中期温室气体减排措施是指 MEPC 在 2025 年前最终确定并达成一致的措施。

MEPC 将针对一揽子措施或分别针对每一种措施确定生效日期以及该措施何时能开始有效地减少温室气体排放。

根据 2023 减排战略及其工作计划中规定的时间表，应制定并最终确定

能够实现减排目标的一揽子候选措施,包括:

(1)技术要素,即目标型船用燃料标准,规定分阶段降低船用燃料温室气体强度的要求;

(2)经济要素,即航运温室气体排放定价机制。

MEPC 将根据综合影响评估中考虑的特定准则对候选经济要素进行评估,以促进一揽子措施的最终确定。

中期温室气体减排措施应有效促进航运能源转型,并为世界船队提供必要的激励,同时为公平竞争和公正公平的转型做出贡献。

制定一揽子中期温室气体减排候选措施时,应考虑船用燃料全生命周期的温室气体排放。

1.3.4.3 与现有措施的协同作用

IMO 将考虑与 CII 等其它现有措施的潜在协同作用,特别是在能效激励措施及在航运价值链或其他技术中采用更好的运营做法以减少船舶排放方面。

1.3.4.4 其他中期温室气体减排候选措施

除了一揽子中期温室气体减排候选措施外,IMO 将继续制定其他中期温室气体减排措施,以减少船舶的温室气体排放。以下所有中期候选措施代表了 IMO 在船舶温室气体减排事务上可能采取的中期进一步行动:

(1)在知情决策方面:

①IMO 秘书处利用 IMO 数据收集系统和其他相关来源的现有数据开展 IMO 年度温室气体排放量和碳强度评估,以及为政策决策提供信息的其他研究;

②建立一个反馈机制,以便能够通过可能的最佳做法信息交流来整理和分享在执行措施方面吸取的经验教训。

(2)在支持全球零/近零温室气体排放技术、燃料和/或能源的可用性和使用方面:

①进一步制定《船用燃料全生命周期温室气体强度导则》;

②根据本战略,对与温室气体减排相关的安全性问题进行监管评估,并制定路线图,以支持本战略的安全实施;

③审议和分析解决甲烷和氧化亚氮排放的措施,并进一步加强解决挥发性有机化合物排放的措施;

④激励开发和采用新技术的先行者；

⑤审议和分析旨在促进全球港口发展和活动的措施，以促进航运温室气体减排，包括利用可再生能源提供船舶和岸边/陆上电力供应、支持零/近零温室气体排放燃料和/或能源供应的基础设施，以及进一步优化包括港口在内的物流链及其规划。

1.3.4.5　长期候选措施

可能的长期措施是指 MEPC 在 2030 年后最终确定并达成一致的措施，将作为 IMO 船舶温室气体减排战略 2028 年审议工作的一部分予以制定。

1.3.4.6　候选措施对缔约国的影响

在措施被采纳之前，应当根据《修订后的候选措施对各国影响的评估程序》酌情评估和考虑该措施对缔约国的影响。应特别关注发展中国家，尤其是小岛屿发展中国家和最不发达国家的需求。在评估对缔约国的影响时，应适当考虑的因素包括但不限于：地理位置偏远及与主要市场的互联互通、货物的价值和种类、运输依赖性、运输成本、食品安全、灾害应对、成本效益、社会经济进步与发展。

MEPC 应对综合影响评估进行审议，以便为进一步审议拟议措施提供信息，并酌情采取行动。一旦完成了综合影响评估，并酌情评估和解决了不成比例的负面影响，就可以考虑采用这些措施。一旦通过并颁布了一项措施，MEPC 应根据成员国的要求，不断审议其执行情况和影响，以便作出任何必要的调整。

1.3.5　存在的障碍及支持性措施、能力建设和技术合作、研究开发

1.3.5.1 可能存在的障碍及支持性措施

MEPC 委员会意识到，在实施 2023 减排战略及可能的温室气体减排措施时，可能存在一些障碍，并提出了一些支持性措施，包括：

(1)发展中国家(尤其是最不发达国家和小岛屿发展中国家)在能力建设和技术合作方面有特殊需求。

(2)发展中国家(尤其是最不发达国家和小岛屿发展中国家)的一些代表团在参与 IMO 工作(特别是在温室气体相关事务方面)可能面临挑战。在这方面，IMO 为协助发展中国家(尤其是最不发达国家和小岛屿发展中国

家）参加 MEPC 和温室气体减排会间会而设立了多方捐助者自愿信托基金，IMO 应定期评估通过多方捐助者自愿信托基金提供的财政资源。

（3）在制定中期、长期温室气体减排候选措施（包括支持性措施）时，应适当考虑到确保公正、公平的转型，以实现“不让任何国家掉队”的目标。

（4）开发和在全球范围内提供零/近零温室气体排放技术、燃料和/或能源，以及开发必要的相关港口基础设施，可能是实施温室气体减排措施的具体障碍。

（5）针对使用零/近零温室气体排放技术、燃料和/或能源的船舶，需要采用一种宽泛的方法来规范这类船舶的安全性，包括解决人为因素，以确保本战略的安全实施。

（6）本战略将对海员和其他海事专业人员产生影响，IMO 应评估其文书、指南和培训标准，以帮助确保海员和其他海事工作人员的公正转型，以实现“不让任何人掉队”的目标。

1.3.5.2 继续并加强伙伴关系、能力建设活动和技术合作

在继续并加强伙伴关系、能力建设活动和技术合作方面，MEPC 委员会将开展以下工作：

（1）通过促进公私伙伴关系和信息交流，协助推动零/近零温室气体排放技术、燃料和/或能源的工作；

（2）考虑到第 MEPC.229(65) 号决议《促进与提高船舶能效有关的技术合作和技术转让》，继续提供促进信息共享、技术转让、能力建设和技术合作的机制。

（3）MEPC 委员会认识到，IMO 所有成员国都有可能实现航运脱碳，并可能为发展中国家（包括最不发达国家和小岛屿发展中国家）创造新的机会，让它们参与国际航运零/近零温室气体排放燃料和/或能源的生产和分销价值链。IMO 应通过综合技术合作计划、温室气体技术合作信托基金和其他举措（包括 IMO 及其成员国资助计划），定期评估为实施本战略提供的财政和技术资源以及能力建设情况。

此外，IMO 还将开展以下工作：

（1）制定海员培训和技能计划，以支持船舶温室气体减排；

（2）发起研究和开发解决船舶推进、零/近零温室气体排放技术、燃料和/或能源的行动和试点工作，以进一步提高船舶能效，并支持全球低碳、零碳燃料和技术的供应和使用；

(3)通过建立伙伴关系和提供财政和技术资源、加强技术合作以及能力建设活动和技术合作,支持现有的短期温室气体减排措施的实施;

(4)开始努力探索向国际航运提供可再生燃料生产的机会,特别是在发展中国家(包括最不发达国家和小岛屿发展中国家)生产的机会。

1.3.6　后续行动

应制定 2023 减排战略的后续行动计划。MEPC 将在 2028 年通过经修订的 IMO 船舶温室气体减排战略,在这期间内的关键阶段见表 1-1。

表 1-1　IMO 船舶温室气体减排战略的关键阶段

目标日期	阶段性成果		
	对一揽子中期减排候选措施的综合影响评估	制定中期减排候选措施	其它里程碑
MEPC 80 (2023 年夏)	启动综合影响评估	启动关于制定中期措施的工作计划的第 3 阶段	
MEPC 81 (2024 年春)	临时报告	最后确定一揽子措施	
MEPC 82 (2024 年秋)	报告定稿		
MEPC 83 (2025 年春)		批准措施	在 2026 年 1 月 1 日前完成对短期措施的审议
为期一天或两天的 MEPC 特别会议(MEPC 83 之后 6 个月,2025 年秋)		通过措施	
MEPC 84 (2026 年春)			

表 1-1(续)

目标日期	阶段性成果		
	对一揽子中期减排候选措施的综合影响评估	制定中期减排候选措施	其它里程碑
MEPC 85 (2026 年秋)			
16 个月后通过 (2027 年)		措施生效	
MEPC 86 (2027 年夏)			启动对 2023 年 IMO 船舶温室气体减排战略的审议
MEPC 87 (2028 年春)			
MEPC 88 (2028 年秋)			完成对 2023 年 IMO 船舶温室气体减排战略的审议,以期通过 2028 年 IMO 船舶温室气体减排战略

应酌情确定和更新每项措施的边际减排成本曲线,然后定期进行评估。

1.3.7 对战略的定期审议

IMO 船舶温室气体减排战略应每 5 年进行一步审议,第 1 次审议将于 2028 年进行。

MEPC 委员会应该进行的审议包括界定审议范围及其职权范围。

对减排目标的审议应考虑到最新的排放评估、减排方案和国际航运的可用性,以及政府间气候变化专门委员会(IPCC)的报告,以及未来的 IMO 温室气体清单和相关研究,以评估实现国际航运温室气体净零排放的进展情况。审议还应考虑到所采用的任何措施对缔约国影响的现有数据,包括缔约国、国际组织或机构提供的信息，以便可以按照《修订后的候选措施对各国影响的评估程序》（MEPC. 1/Circ. 885/Rev. 1）的规定进行任何必要的调整。

参考文献

[1]　周伟新，李百齐，胡琼，等. 中国船舶科学研究中心关于 EEDI 的研究进展(英文)[J]. 中国造船，2011，52(4)：13-22.

[2]　International Maritime Organization. A. 963(23)—IMO polices and practices related to the reduction of greenhouse gas emissions from ships [R]. London: IMO, 2003.

[3]　顾伟红，赵洁. 海运温室气体减排市场机制 ETS 和 GHG FUND 的比较研究[J]. 武汉理工大学学报(交通科学与工程版)，2013，37(2)：369-372，376.

[4]　徐华. CO_2 设计指数变身 EEDI[J]. 中国船检，2009(9)：46-49，131.

[5]　Marine Environment Protection Committee. Resolution MEPC. 203(62)—Amendments to the annex of the protocol of 1997 to amend the international convention for the prevention of pollution from ships, 1973, as modified by the protocol of 1978 relating thereto (inclusion of regulations on energy efficiency for ships in MARPOL Annex Ⅵ) [R]. London: MEPC, 2011.

[6]　Marine Environment Protection Committee. Resolution MEPC. 212(63)—2012 guidelines on the method of calculation of the attained energy efficiency design index (EEDI) for new ships [R]. London: MEPC, 2012.

[7]　Marine Environment Protection Committee. Resolution MEPC. 214(63)—2012 guidelines on survey and certification of the energy efficiency design index (EEDI) [R]. London: MEPC, 2012.

[8]　Marine Environment Protection Committee. Resolution MEPC. 213(63)—2012 guidelines for the development of a ship energy efficiency management plan (SEEMP) [R]. London: MEPC, 2012.

[9] Marine Environment Protection Committee. Resolution MEPC. 215(63)—Guidelines for calculation of reference lines for use with the energy efficiency design index (EEDI) [R]. London: MEPC, 2012.

[10] Marine Environment Protection Committee. Initial IMO strategy on reduction of GHG emissions from ships[R]. London: MEPC, 2018.

[11] Marine Environment Protection Committee. Resolution MEPC. 328 (76)—Amendments to the annex of the protocol of 1997 to amend the international convention for the prevention of pollution from ships, 1973, as modified by the protocol of 1978 relating thereto (2021 Revised MARPOL Annex Ⅵ) [R]. London: MEPC, 2021.

[12] International Maritime Organization. Third IMO greenhouse gas study 2014[M]. UK: Micropress Printers, 2015.

[13] Marine Environment Protection Committee. Guidelines on incorporation of the precautionary approach in the context of specific IMO activities[R]. London: MEPC, 1995.

[14] Marine Environment Protection Committee. 2023 IMO strategy on reduction of GHG emissions from ships[R]. London: MEPC, 2023.

第 2 章　新船能效设计指数(EEDI)

2011 年 7 月召开的 MEPC 第 62 届会议,以 MEPC. 203(62)号决议通过了 MARPOL 公约附则Ⅵ框架下的船舶能效规则要求[1]。该强制性要求适用于吨位在 400 总吨及以上的所有海运商船,规定了适用于强制性 EEDI 要求的船舶类型、尺度以及 4 个阶段的目标年限和折减率,并要求现有船舶制订船舶能效管理计划(SEEMP)。

2.1　MARPOL 公约附则Ⅵ框架下的 EEDI 要求

MARPOL 公约附则Ⅵ框架下的 EEDI 要求包括两个方面:一是计算船舶实际达到的 EEDI 值,即达到的 EEDI 值(*attained EEDI*);二是船舶 EEDI 的标准限值,即 EEDI 限定值(*required EEDI*)。新船能效设计指数(EEDI)框架如图 2-1 所示。新造船达到的 EEDI 值必须低于相应阶段的 EEDI 限定值,否则将被禁止进入市场。

2.1.1　强制性 EEDI 要求的适用范围

2.1.1.1　EEDI 要求适用的船型范围

强制性 EEDI 要求适用于所有 400 总吨及以上的国际航行船舶,但不适用于仅在其船旗国主权或管辖水域内航行的船舶,也不适用于非机动船以及包括浮式生产储油卸油装置(FPSO)、浮动式储存装置(FSU)和钻井装置的平台(无论其采用何种推进方式)[1][2]。

EEDI 要求适用的船型范围见表 2-1[1][2]。目前,MARPOL 公约附则Ⅵ对表 2-1 中所列的 13 种船型提出了计算 *attained EEDI* 的要求,即凡属于其中定义的 13 种船型的每一艘适用范围内的新造船(400 总吨及以上),都应计算其达到的 EEDI 值;对其中除了客船以外的 12 种船型,提出了符合 EEDI 限定值的要求,即对特定船舶类型和尺度规定了所允许的最大的 *attained EEDI*。

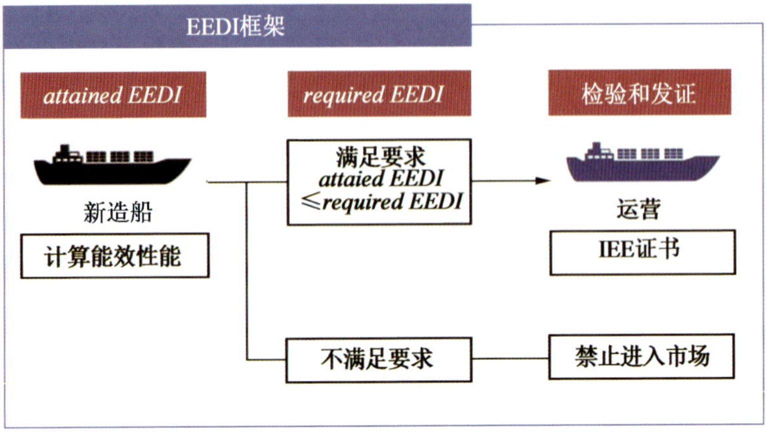

图 2-1　新船能效设计指数(EEDI)框架

表 2-1　EEDI 要求适用的船型范围

序号	适用船型	船型定义	要求计算 *attained EEDI*	要求符合 *required EEDI*
1	散货船	在 SOLAS-Ⅻ章第 1 条所定义的主要用于运输散装干货的船舶(包括矿砂船船型,但不包括兼用船)	√	√
2	气体运输船	经建造或改建用于散装运输任何液化气体的货船(在 2019 年 9 月 1 日之前交船的气体运输船,包括 LNG 运输船,但在 2019 年 9 月 1 日或以后交船的气体船,不包括 LNG 运输船)	√	√
3	液货船	在 MARPOL 公约附则Ⅰ第 1 条所定义的油船或 MARPOL 公约附则Ⅱ第 1 条所定义的化学品船及有毒液货船	√	√
4	集装箱船	专门设计在货物处所和甲板上装载集装箱的船舶	√	√

表 2-1(续)

序号	适用船型	船型定义	要求计算 *attained EEDI*	要求符合 *required EEDI*
5	杂货船	设有多层甲板或单层甲板,主要用于装载普通货物的船舶	√	√
6	冷藏货船	专门设计用于在其货物处所载运冷藏货物的船舶	√	√
7	兼装船	设计用于既可装载 100%载重吨的散装液货又可装载 100%载重吨干货的船舶	√	√
8	客船	载客超过 12 人的船舶	√	
9	滚装货船(车辆运输船)	具有多层甲板的设计载运空的小汽车和卡车的滚装货船	√	√
10	滚装货船	设计成载运滚装运货单元的货船	√	√
11	客滚船	设有滚装处所或特殊货物处所的客船	√	√
12	LNG 运输船	建造或改造用于散装载运液化天然气(LNG)的货船	√	√
13	豪华邮轮	没有货物甲板且专门设计用于商业运输在海上航行中过夜的乘客的船舶	√	√

如果某一艘船舶从设计上可归属于多于一种如表 2-1 所定义的船型,则该船的 EEDI 限定值应取最严格的(最低的)EEDI 限定值。但对专门用于在冷藏货舱内载运果汁的船舶应被归类为冷藏货船,而非液货船。

需要特别说明的是,EEDI 要求不适用于具有非传统推进系统的船舶,但适用于 2019 年 9 月 1 日或以后交付的具有非传统推进系统的豪华邮轮、具有传统推进系统和非传统推进系统的 LNG 运输船;EEDI 要求也不适用于带有破冰能力的货船①。其中,传统推进系统(conventional propulsion)指主机

① 带有破冰能力的货船是指设计为当冰层厚度在 1.0 m 或以上且冰层的弯曲强度至少为 500 kPa 时,能以至少 2 kn 航速独立破冰的货船。

为原动机且直接或通过齿轮箱与推力轴连接的一种推进方式;非传统推进系统(non-conventional propulsion)指除传统推进以外的推进方式,包括柴油电力推进、涡轮推进和混合推进。

2.1.1.2　对新船、现有船、重大改建的统一解释

MARPOL 公约附则Ⅵ框架下的 EEDI 条款原则上只适用于新船,但如果对现有船舶进行了重大改建,改建后的船舶也必须满足 EEDI 要求。而且,对于表 2-1 中所列的船型,EEDI 限定值要求适用的船舶日期并不相同。因此,在 MARPOL 公约附则Ⅵ中对新船、现有船、2019 年 9 月 1 日或以后交付的船舶、重大改建等提出了如下明确的定义[3]。在定义中,EEDI 第 0 阶段、第 1 阶段、第 2 阶段、第 3 阶段对应的时间范围详见第 2.1.3 节。

(1)“新船”是指 2013 年 1 月 1 日或以后签订建造合同,或者未签订建造合同但在 2013 年 7 月 1 日或以后安放龙骨或处于类似建造阶段,或者在 2015 年 7 月 1 日或以后交付的船舶[2]。

对第 0 阶段至第 3 阶段的 EEDI 限定值要求适用年限的新船定义,MEPC 给出了如下统一解释[3]。

①第 0 阶段 EEDI 限定值要求适用于下述新船。

a. 在第 0 阶段期间签订建造合同,并于 2019 年 1 月 1 日以前交付的船舶;

b. 在第 0 阶段以前签订建造合同,并于 2015 年 7 月 1 日或以后至 2019 年 1 月 1 日以前交付的船舶;

c. 未签订建造合同,在 2013 年 7 月 1 日或以后至 2015 年 7 月 1 日以前安放龙骨或处于类似建造阶段,并于 2019 年 1 月 1 日以前交付的船舶;

d. 未签订建造合同,在 2013 年 7 月 1 日以前安放龙骨或处于类似建造阶段,并于 2015 年 7 月 1 日或以后至 2019 年 1 月 1 日以前交付的船舶。

②第 1 阶段 EEDI 限定值要求适用于下述新船。

a. 在第 1 阶段期间签订建造合同,并于 2024 年 1 月 1 日以前交付的船舶;

b. 在第 1 阶段以前签订建造合同,并于 2019 年 1 月 1 日或以后至 2024 年 1 月 1 日以前交付的船舶;

c. 未签订建造合同,在 2015 年 7 月 1 日或以后至 2020 年 7 月 1 日以前安放龙骨或处于类似建造阶段,并于 2024 年 1 月 1 日以前交付的船舶;

d. 未签订建造合同,在 2015 年 7 月 1 日以前安放龙骨或处于类似建造阶段,并于 2019 年 1 月 1 日或以后至 2024 年 1 月 1 日以前交付的船舶。

③第2阶段EEDI限定值要求适用于下述新船。

●对于第2阶段于2022年3月31日结束的船型,第2阶段EEDI限定值要求适用于下述新船:

a. 在第2阶段期间签订建造合同,并在2026年4月1日以前交付的船舶;

b. 在第2阶段以前签订建造合同,并在2024年1月1日或以后且在2026年4月1日以前交付的船舶;

c. 无建造合同时,在2020年7月1日或以后并在2022年10月1日以前安放龙骨或处于类似建造阶段,并在2026年4月1日以前交付的船舶;

d. 无建造合同时,在2020年7月1日以前安放龙骨或处于类似建造阶段,并在2024年1月1日或以后且在2026年4月1日以前交付的船舶。

●对于第2阶段于2024年12月31日结束的船型,第2阶段EEDI限定值要求适用于下述新船:

a. 在第2阶段期间签订建造合同,并在2029年1月1日以前交付的船舶;

b. 在第2阶段以前签订建造合同,并在2024年1月1日或以后且在2029年1月1日以前交付的船舶;

c. 无建造合同时,在2020年7月1日或以后并在2025年7月1日以前安放龙骨或处于类似建造阶段,并在2029年1月1日以前交付的船舶;

d. 无建造合同时,在2020年7月1日以前安放龙骨或处于类似建造阶段,并在2024年1月1日或以后且在2029年1月1日以前交付的船舶。

④第3阶段EEDI限定值要求适用于下述新船。

●对于第3阶段于2022年4月1日及以后开始的船型,第3阶段EEDI限定值要求适用于下述新船:

a. 在第3阶段期间签订建造合同的船舶;

b. 在第3阶段以前签订建造合同,并在2026年4月1日或以后交付的船舶;

c. 无建造合同时,在2022年10月1日或以后安放龙骨或处于类似建造阶段的船舶;

d. 无建造合同时,在2022年10月1日以前安放龙骨或处于类似建造阶段,并在2026年4月1日或以后交付的船舶。

●对于第3阶段于2025年1月1日及以后开始的船型,第3阶段EEDI限定值要求适用于下述新船:

a. 在第 3 阶段期间签订建造合同的船舶；

b. 在第 3 阶段以前签订建造合同，并在 2029 年 1 月 1 日或以后交付的船舶；

c. 无建造合同时，在 2025 年 7 月 1 日或以后安放龙骨或处于类似建造阶段的船舶；

d. 无建造合同时，在 2025 年 7 月 1 日以前安放龙骨或处于类似建造阶段，并在 2029 年 1 月 1 日或以后交付的船舶。

(2)“现有船舶”指非新船的船舶。

(3)“2019 年 9 月 1 日或以后交付的船舶”指 2015 年 9 月 1 日或以后签订建造合同，或者没有签订建造合同但在 2016 年 3 月 1 日或以后安放龙骨或处于类似建造阶段，或者 2019 年 9 月 1 日或以后交付的船舶[2]。

(4)“重大改建”是指对一艘船进行改建时，实质性改变了船舶的尺寸、装载容量或发动机功率，或者改变了船舶的类型，或者被主管机关认定为这种改建实质性延长了船舶的使用年限，或者这种改建使船舶变得如同一艘新造船，或者从实质上改变了船舶的能效并且包括可能导致船舶超出其所适用的 EEDI 限定值的任何改装[2]。对一艘船舶进行改建时，只要满足了上述 5 种情况中任意一种，即认为是重大改建。

2.1.1.3 EEDI 要求的免除条件

主管机关可对 400 总吨及以上的船舶免除适用 *attained EEDI* 及 *required EEDI* 的要求。但这种免除不适用于下述情况的 400 总吨及以上的船舶：

①在 2017 年 1 月 1 日或以后签订建造合同；

②无建造合同时，在 2017 年 7 月 1 日或以后安放龙骨或处于类似建造阶段；

③在 2019 年 7 月 1 日或以后交船；

④当新船或现有船在 2017 年 1 月 1 日或以后发生重大改建的。

2.1.2 船舶达到的 EEDI 值

船舶达到的 EEDI 值(*attained EEDI*)是指单一船舶实际达到的并按照相关规定经过验证的 EEDI 值，单位是 g/t-n mile。该值对每一艘船舶都是特定的，表示该船的能效性能。

对于表 2-1 中所定义的 13 种船型，400 总吨及以上的每艘新船、每艘经过重大改建的新船、每艘经过重大改建且因改建范围过大而被主管机关视为新造船舶的新船或现有船舶,都必须计算其达到的 EEDI 值。具体计算方法详见第 2.2 节。

2.1.3 船舶 EEDI 限定值

EEDI 限定值指对特定船舶类型和尺度所允许的最大的 *attained EEDI* 值,也就是 EEDI 标准限值。

对于表 2-1 中所定义的船型中,除了客船以外的 12 种船型,400 总吨及以上的每艘新船、每艘经过重大改建的新船、每艘经过重大改建且因改建范围过大而被主管机关视为新造船舶的新船或现有船舶,其达到的 EEDI 值应该满足[4][5]

$$达到的\ EEDI\ 值 \leqslant EEDI\ 限定值 = (1 - X/100) \times 参考线值 \tag{2.1}$$

式中,X 是指 EEDI 限定值相对于 EEDI 参考线的折减系数,目前正式通过的 EEDI 各阶段开始日期和 X 的取值见表 2-2;参考线值是根据特定船舶类型和尺度在该类船舶的 EEDI 参考线①上插值取得的数值,其表达式为

$$参考线值 = a \times b^{-c} \tag{2.2}$$

式中,a、b、c 为表 2-3 所列的参数。

如果船舶的设计允许其属于表 2-3 中规定的一种以上船型的定义,则该船的 EEDI 限定值应该取最严格的 EEDI 限定值(最低值)。

表 2-2 相对于 EEDI 参考线的 EEDI 限定值的折减系数 X 单位:%

船舶类型	尺度	第 0 阶段 2013. 1. 1-2014. 12. 31	第 1 阶段 2015. 1. 1-2019. 12. 31	第 2 阶段 2020. 1. 1-2024. 12. 31	第 3 阶段 2022. 4. 1 及以后	第 3 阶段 2025. 1. 1 及以后
散货船	20 000 *DWT* 及以上	0	10	20		30
	10 000~20 000 *DWT*	n/a	0~10*	0~20*		0~30*

① EEDI 参考线是由特定船型大量现有船舶的 EEDI 值统计形成的、代表该类船型平均 EEDI 指数值的一条曲线。每一种船型都有一条特定的 EEDI 参考线。

表 2-2(续)

单位:%

船舶类型	尺度	第0阶段 2013.1.1–2014.12.31	第1阶段 2015.1.1–2019.12.31	第2阶段 2020.1.1–2024.12.31	第3阶段 2022.4.1 及以后	第3阶段 2025.1.1 及以后
气体运输船	15 000 *DWT* 及以上	0	10	20	30	
	10 000~15 000 *DWT*	0	10	20		30
	2 000~10 000 *DWT*	n/a	0~10*	0~20*		0~30*
液货船	20 000 *DWT* 及以上	0	10	20		30
	4 000~20 000*DWT*	n/a	0~10*	0~20*		0~30*
集装箱船	200 000 *DWT* 及以上	0	10	20	50	
	120 000~200 000 *DWT*	0	10	20	45	
	80 000~120 000 *DWT*	0	10	20	40	
	40 000~80 000 *DWT*	0	10	20	35	
	15 000~40 000 *DWT*	0	10	20	30	
	10 000~15 000 *DWT*	n/a	0~10*	0~20*	15~30*	
杂货船	15 000 *DWT* 及以上	0	10	15	30	
	3 000~15 000 *DWT*	n/a	0~10*	0~15*	0~30*	
冷藏货船	5 000 *DWT* 及以上	0	10	15		30
	3 000~5 000 *DWT*	n/a	0~10*	0~15*		0~30*
兼装船	20 000 *DWT* 及以上	0	10	20		30
	4 000~20 000 *DWT*	n/a	0~10*	0~20*		0~30*
LNG 运输船***	10 000 *DWT* 及以上	n/a	10**	20	30	
滚装货船(车辆运输船)***	10 000 *DWT* 及以上	n/a	5**	15		30
滚装货船***	2 000 *DWT* 及以上	n/a	5**	20		30
	1 000~2 000 *DWT*	n/a	0~5***	0~20*		0~30*
滚装客船***	1 000 *DWT* 及以上	n/a	5**	20		30
	250~1 000 *DWT*	n/a	0~5*	0~20*		0~30*

表 2-2(续)　　　　单位:%

船舶类型	尺度	第 0 阶段 2013. 1. 1– 2014. 12. 31	第 1 阶段 2015. 1. 1– 2019. 12. 31	第 2 阶段 2020. 1. 1– 2024. 12. 31	第 3 阶段 2022. 4. 1 及以后	第 3 阶段 2025. 1. 1 及以后
具有非传统推进的豪华邮轮***	85 000 GT 及以上	n/a	5**	20	30	
	25 000~85 000 GT	n/a	0~5***	0~20*	0~30*	

注: * 指根据船舶尺度由小到大的折减系数在这两个值之间取线性插值; ** 指对 2015 年 9 月 1 日及以后交付的船舶,第 1 阶段开始适用; *** 指折减系数适用于新定义的“2019 年 9 月 1 日或以后交付的船舶”;n/a 指不适用 EEDI 限定值要求。

表 2-3　用于确定不同船型参考线值的参数表

船舶类型	a	b	c
散货船	961. 79	当 $DWT \leq 279\ 000$ t 时,$b=DWT$; 当 $DWT>2790\ 00$ t 时,$b=279\ 000$	0. 477
气体运输船	1 120. 00	DWT	0. 456
液货船	1 218. 80	DWT	0. 488
集装箱船	174. 22	DWT	0. 201
杂货船	107. 48	DWT	0. 216
冷藏货船	227. 01	DWT	0. 244
兼装船	1 219. 00	DWT	0. 488
滚装货船(车辆运输船)	当 $DWT/GT<0.3$ 时, $a=(DWT/GT)^{-0.7}\times 780.36$; 当 $DWT/GT \geq 0.3$, $a=1\ 812.63$	DWT	0. 471
滚装货船	1 405. 15	DWT	0. 498
	1 686. 17*	当 $DWT \leq 17\ 000$ t 时,$b=DWT$* 当 $DWT>17\ 000$ t 时,$b=17\ 000$ t*	

表 2-3(续)

船舶类型	a	b	c
滚装客船	752.16	DWT	0.381
	902.59*	当 $DWT \leqslant 10\ 000$ t 时,$b = DWT$* 当 $DWT > 10\ 000$ t 时,$b = 10\ 000$ t*	
LNG 运输船	2 253.7	DWT	0.474
具有非传统推进的豪华邮轮	170.84	GT	0.214

注:* 指第 2 阶段及以后适用。

2.2 EEDI 计算方法

EEDI 是衡量船舶能效水平的指标,单位是 g/t-n mile。MEPC 第 79 届会议(2022 年 12 月 12 日至 16 日)以第 MEPC. 364(79)号决议发布了《2022 年新船能效设计指数(EEDI)计算方法导则》[7],其中给出了最新的 *attained EEDI* 的计算公式及其参数含义的解释。

2.2.1 EEDI 计算公式及其内涵

2.2.1.1 EEDI 计算公式

一艘船舶达到的 EEDI 值可根据以下公式计算

$$\left(\left(\prod_{j=1}^{n} f_j\right)\left(\sum_{i=1}^{nME} P_{ME(i)} \cdot C_{FME(i)} \cdot SFC_{ME(i)}\right) + (P_{AE} \cdot C_{FAE} \cdot SFC_{AE}) + \left(\left(\prod_{j=1}^{n} f_j \cdot \sum_{i=1}^{nPTI} P_{PTI(i)} - \sum_{i=1}^{neff} f_{eff(i)} \cdot P_{AEeff(i)}\right) C_{FAE} \cdot SFC_{AE}\right) - \left(\sum_{i=1}^{neff} f_{eff(i)} \cdot P_{eff(i)} \cdot C_{FME} \cdot SFC_{ME}\right)\right) \div (f_i \cdot f_c \cdot f_l \cdot capacity \cdot f_w \cdot V_{ref} \cdot f_m) \tag{2.3}$$

为了便于理解公式(2.3)的含义,将其拆分成如下几个公式:

$$attained\ EEDI = \frac{E_{ME} + E_{AE} + E_{PTI} + E_{eff}}{f_i \cdot f_c \cdot f_l \cdot capacity \cdot f_w \cdot V_{ref} \cdot f_m} \tag{2.4}$$

其中

$$E_{ME} = \left(\prod_{j=1}^{n} f_j\right)\left(\sum_{i=1}^{nME} P_{ME(i)} \cdot C_{FME(i)} \cdot SFC_{ME(i)}\right) \tag{2.5}$$

$$E_{AE} = P_{AE} \cdot C_{FAE} \cdot SFC_{AE} \tag{2.6}$$

$$E_{PTI} = \left(\prod_{j=1}^{n} f_j \cdot \sum_{i=1}^{nPTI} P_{PTI(i)} - \sum_{i=1}^{neff} f_{eff(i)} \cdot P_{AEeff(i)}\right) C_{FAE} \cdot SFC_{AE} \tag{2.7}$$

$$E_{eff} = -\left(\sum_{i=1}^{neff} f_{eff(i)} \cdot P_{eff(i)} \cdot C_{FME} \cdot SFC_{ME}\right) \tag{2.8}$$

attained EEDI 计算公式是用 CO_2 排放量和货运能力的比值来表示船舶能效的。其中,分母用规定的航速(V_{ref})与装载量(*capacity*)的乘积表征船舶的货运能力;分子表征 CO_2 排放量,分为 4 部分。

(1)第 1 部分 E_{ME} 表征主机产生的 CO_2 排放量,即船舶以设定航速 V_{ref} 运输设定装载量 *capacity* 所需的主机推进功率与燃油消耗率的乘积。

(2)第 2 部分 E_{AE} 表征辅机产生的 CO_2 排放量,即为保证主机在第 1 部分所述的状态下工作所需的辅机功率(包括必要的起居功率消耗)与燃油消耗率的乘积。如果正常最大海上负荷(NMSL)的部分功率由轴带发电机提供,则对该部分功率而言,可使用 SFC_{ME} 和 C_{FME} 替代 SFC_{AE} 和 C_{FAE},具体计算方式如下

当 $0.75 \times \sum_{i=1}^{nPTO} P_{PTO(i)} \leq P_{AE}$ 时,式(2.6)可由下式替代

$$E_{AE} = \left(P_{AE} - 0.75 \times \sum_{i=1}^{nPTO} P_{PTO(i)}\right) \cdot C_{FAE} \cdot SFC_{AE} + 0.75 \times \sum_{i=1}^{nPTO} P_{PTO(i)} \cdot C_{FME(i)} \cdot SFC_{ME(i)} \tag{2.9}$$

当 $0.75 \times \sum_{i=1}^{nPTO} P_{PTO(i)} > P_{AE}$ 时,式(2.6)可由下式替代

$$E_{AE} = P_{AE} \cdot C_{FME(i)} \cdot SFC_{ME(i)} \tag{2.10}$$

(3)第 3 部分 E_{PTI} 表征当船舶设有轴马达时轴马达产生的 CO_2 排放以及使用电力创新能效技术后减少的 CO_2 排放,即轴马达消耗的辅机功率以及使用电力创新能效技术时减少的辅机功率与辅机燃油消耗率的乘积。

(4)第 4 部分 E_{eff} 表征船舶使用机械创新能效技术后减少的 CO_2 排放量,即采用机械创新能效技术后减少的主机功率消耗与主机燃油消耗率的乘积。如果 $P_{PTI(i)}>0$,则应使用($SFC_{ME} \cdot C_{FME}$)和($SFC_{AE} \cdot C_{FAE}$)的加权平均

值计算 P_{eff}。

以上计算公式仅适用于计算表 2-1 中所列的 13 种船型达到的 EEDI 值(*attained EEDI*),但不适用于这些船型(豪华邮轮和 LNG 运输船除外)中具有非传统推进系统的船舶。

2.2.1.2　船舶动力装置总图

为了便于理解 EEDI 计算公式,图 2-2 给出了简化的船舶功率布置总图及用于计算 EEDI 的功率。

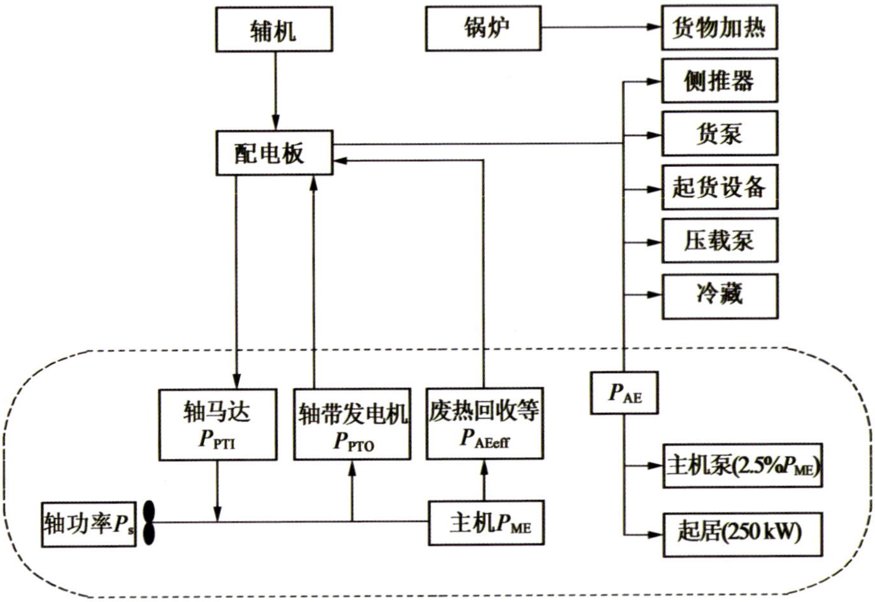

图 2-2　简化的船舶功率布置总图及用于计算 EEDI 的功率

图 2-2 虚线标识的范围是用于计算 *attained EEDI* 的功率,分为推进功率(轴功率)和辅机功率两大部分。对推进功率(轴功率)有贡献的包括主机 P_{ME}、轴马达 P_{PTI},而轴带发电机的消耗功率 P_{PTO} 没有用于推进,因此应该减去。这些均反映在 EEDI 计算公式中,详见第 2.2.2.5 节。辅机功率仅包括用于推进和生活起居的功率,不包括不用于推进的功率,如货物维护(加热、冷冻等)、货物装卸、船舶压载、侧推器等。

在计算 EEDI 时,需要注意以下两点。

(1)直接连接到轴上的机械回收废能是不需要测量的,因为该技术的影响已经直接反映在航速(V_{ref})上了。

(2)如果船舶设有兼用的 PTI 和 PTO,则应根据船舶在海上的常规营运模式来确定在 EEDI 计算中使用哪个参数。例如,如果船舶在海上常规营运时该兼用系统是作为轴带发电机用,则计算该船 EEDI 时,公式中应使用 P_{PTO} 参数,而 P_{PTI} 则为 0。

2.2.2 EEDI 计算公式中各参数的含义和获取方法

EEDI 计算公式中涉及众多参数,其中,主要参数包括主机功率、辅机功率、主机燃油消耗率、辅机燃油消耗率、装载量和航速等;特殊设计参数包括轴带发电机的输出功率、轴马达的输出功率、采用创新型能效技术而节省的功率等;修正系数包括针对特殊设计的功率修正系数、装载量修正系数、舱容量修正系数、风浪中的船舶失速系数等。EEDI 计算公式中每个参数的选取都有严格的定义或要求。

2.2.2.1 碳转换系数(C_F)

碳转换系数(C_F)是基于其含碳量将燃油消耗量(单位为 g)转换为 CO_2 排放量(单位为 g)的无量纲系数,用 $t\text{-}CO_2/t\text{-}Fuel$ 表示。式(2.3)中 C_F 的下标 ME(i)和 AE(i)分别代表主机和辅机。C_F 对应于用于确定燃油消耗率 SFC 的燃油,即 NO_x 技术规则[8]第 1.3.15 节所定义的技术案卷中包括的适用试验报告(以下简称为"NO_x 技术案卷中包括的试验报告")中所列的 SFC 对应的燃油。

不同燃料类型对应的碳转换系数(C_F)取值表见表 2-4。

表 2-4 碳转换系数取值表

序号	燃料类型	参照等级	低热值/($kJ \cdot kg^{-1}$)	碳当量	C_F ($t\text{-}CO_2/t\text{-}Fuel$)
1	柴油/汽油	ISO 8217 DMX 级至 DMB 级	42 700	0.874 4	3.206
2	轻燃油(LFO)	ISO 8217 RMA 级至 RMD 级	41 200	0.859 4	3.151
3	重燃油(HFO)	ISO 8217 RME 级至 RMK 级	40 200	0.849 3	3.114
4	液化石油气(LPG)	丙烷	46 300	0.818 2	3.000
		丁烷	45 700	0.826 4	3.030
5	乙烷		46 400	0.798 9	2.927

表 2-4(续)

序号	燃料类型	参照等级	低热值/($kJ\cdot kg^{-1}$)	碳当量	C_F ($t-CO_2/t-Fuel$)
6	液化天然气(LNG)		48 000	0.750 0	2.750
7	甲醇		19 900	0.375 0	1.375
8	乙醇		26 800	0.521 7	1.913

当船舶配备了双燃料主机或辅机时,应采用气体燃料的碳转换系数和液体燃料的碳转换系数,并乘以相关 EEDI 负荷点下每一种燃料的特定燃油消耗率。同时,应按下式确定气体燃料是否应被视为"主要燃料"

$$f_{DFgas}=\frac{\sum_{i=1}^{ntotal}P_{total(i)}}{\sum_{i=1}^{ngasfuel}P_{gasfuel(i)}}\times\frac{V_{gas}\times\rho_{gas}\times LCV_{gas}\times K_{gas}}{\left(\sum_{i=1}^{nliquid}V_{liquid(i)}\times\rho_{liquid(i)}\times LCV_{liquid(i)}\times K_{liquid(i)}\right)+V_{gas}\times\rho_{gas}\times LCV_{gas}\times K_{gas}} \tag{2.11}$$

$$f_{DFliquid}=1-f_{DFgas} \tag{2.12}$$

式中 f_{DFgas}——经燃气发动机与总发动机的功率比修正的气体燃料的燃料可获得性,其数值应不大于 1;

V_{gas}——船上总净气体燃料容积,m^3,如果使用了其他布置,例如可更换的(专用的)LNG 罐和/或允许频繁重新注入燃气的布置,V_{gas} 应使用整个 LNG 注入系统的容积,如果气体货物舱与燃气供应系统(FGSS)相连,可计算气体货物舱的蒸发率(BOR)并将其计入 V_{gas};

V_{liquid}——船上与船舶燃料系统固定连接的液体燃料舱的总净液体燃料容积,m^3,如果一个燃料舱通过固定密封阀断开连接,可忽略该燃料舱的 V_{liquid};

ρ_{gas}——气体燃料的密度,kg/m^3;

ρ_{liquid}——每种液体燃料的密度,kg/m^3;

LCV_{gas}——气体燃料的低热值,kJ/kg;

LCV_{liquid}——液体燃料的低热值,kJ/kg;

K_{gas}——气体燃料舱的充装率;

K_{liquid}——液体燃料舱的充装率;

P_{total}——发动机总安装功率,P_{ME} 和 P_{AE},kW;

$P_{gasfuel}$——双燃料发动机的安装功率,P_{ME} 和 P_{AE},kW。

如果总气体燃料容积至少是双燃料发动机专用燃料容积的 50%,即 $f_{DFgas} \geq 0.5$,则可认为气体燃料为“主要燃料”,并且对于每个双燃料发动机,$f_{DFgas}=1$,$f_{DFliquid}=0$。

如果 $f_{DFgas}<0.5$,则气体燃料不是“主要燃料”。对于每个双燃料发动机(主机和辅机),EEDI 计算公式中的 C_F 和 SFC 应根据 f_{DFgas} 和 $f_{DFliquid}$ 用液体和气体模式的 C_F 和 SFC 的加权平均数计算,例如 EEDI 计算公式中的 $P_{ME(i)} \cdot C_{FME(i)} \cdot SFC_{ME(i)}$ 应由下式替代

$$P_{ME(i)} \cdot (f_{DFgas(i)} \cdot (C_{FME\ pilot\ fuel(i)} \cdot SFC_{ME\ pilot\ fuel(i)} + C_{FME\ gas(i)} \cdot SFC_{ME\ gas(i)}) + f_{DFliquid} \cdot C_{FME\ liquid(i)} \cdot SFC_{ME\ liquid(i)}) \tag{2.13}$$

2.2.2.2　航速(V_{ref})

航速 V_{ref} 指在假定无风无浪的气象条件下,在 2.2.2.5 节所定义的主机功率下以及对应于 2.2.2.3 节所定义的装载量(*capacity*)条件下深水中的船舶速度,其单位为节(kn)。对于客船和豪华邮轮,这里所指的装载量条件应为 2.2.2.4 节所述的夏季载重吃水。

2.2.2.3　装载量(*capacity*)

对于不同船型,装载量的定义不同。

对散货船、液货船、气体运输船、LNG 运输船、滚装货船(车辆运输船)、滚装货船、客滚船、杂货船、冷藏货运输船和兼装船,载重吨(*DWT*)应用作装载量。

对客船和豪华邮轮,《1969 国际吨位丈量公约》附则 I 第 3 条定义的总吨(*GT*)应用作装载量。

对集装箱船,载重吨(*DWT*)的 70%应用作装载量。集装箱船的 EEDI 值计算如下。

(1)*attained EEDI* 根据 EEDI 计算公式使用 70%的载重吨作为装载量进行计算。

(2)使用70%的载重吨计算集装箱船EEDI参考线的估计指数值,计算公式如下

$$\text{估计指数值} = 3.1144 \times \frac{190 \sum_{i=1}^{n\text{ME}} P_{\text{ME}(i)} + 215 \cdot P_{\text{AE}}}{70\% DWT \cdot V_{\text{ref}}} \tag{2.14}$$

(3)表2-3中,用于确定集装箱船参考线值的参数 a 和 c,是通过绘制估计指数值与100%载重吨的关系曲线来确定的。

(4)新集装箱船的EEDI限定值(*required EEDI*)使用100%载重吨按如下公式计算

$$required\ EEDI = (1 - X/100) \times a \times 100\% DWT^{-c} \tag{2.15}$$

式中,X 是指EEDI限定值相对于EEDI参考线的折减系数,目前正式通过的新集装箱船EEDI各阶段开始日期和 X 的取值见表2-2。

2.2.2.4 载重吨(*DWT*)

载重吨(*DWT*)指在相对密度为1 025 kg/m^3 的水中、船舶在夏季载重吃水时的排水量与空船重量之间的吨位差,单位为t。夏季载重吃水应取自由主管机关或经主管机关认可的组织批准的稳性手册中核定的最大夏季吃水。

2.2.2.5 功率参数(*P*)

P 包括主机功率 P_{ME}、辅机功率 P_{AE}、采用创新型机械式能效技术减少的主机功率 P_{eff}、采用创新型电力技术减少的辅机功率 P_{AEeff},单位均为kW。

EEDI计算公式中涉及的各功率参数如下。

(1)$P_{\text{ME}(i)}$。

$P_{\text{ME}(i)}$ 是每台主机的额定装机功率(*MCR*)的75%。应使用EIAPP证书中的 *MCR* 值进行计算。如果主机不要求具有EIAPP证书,则应使用主机铭牌上的 *MCR* 值。

对于具有柴电推进系统的LNG运输船,$P_{\text{ME}(i)}$ 采用下式计算

$$P_{\text{ME}(i)} = 0.83 \times \frac{MPP_{\text{Motor}(i)}}{\eta_{(i)}} \tag{2.16}$$

式中 $MPP_{\text{Motor}(i)}$——经核定文件中规定的马达额定输出功率,kW;

$\eta_{(i)}$——指发电机、变压器、转换器和马达的电效率,必要时需考虑加权平均,计算 *attained EEDI* 时 $\eta_{(i)}$ 采用91.3%(如果拟采用一个更高的值,该电效率值应通过测量获得,并采用验证方

批准的方法进行验证)。

对于具有蒸汽涡轮推进系统的 LNG 运输船，$P_{ME(i)}$ 为每台蒸汽涡轮发动机额定装机功率的 83%，即

$$P_{ME(i)} = 0.83 \times MCR_{Steam\ Turbine(i)} \tag{2.17}$$

式中，$MCR_{Steam\ Turbine(i)}$ 是蒸汽轮机的额定装机功率，kW。

附加轴功率输出(PTO)或轴功率输入(PTI)的影响将在下文中给出。

(2) $P_{PTO(i)}$。

如果安装了轴带发电机(多台)，则 $P_{PTO(i)}$ 为每台轴带发电机额定电功率输出的 75%。如果轴带发电机安装在蒸汽轮机上，$P_{PTO(i)}$ 为额定电功率输出的 83%，系数 0.75 应替换为 0.83。

可采用以下两种方法计算轴带发电机的影响。

①$P_{PTO(i)}$ 的最大允许减除量应不超过 $P_{AE}/0.75$，P_{AE} 见 2.2.2.5 节第(6)部分所定义。这种情况下的 $\sum P_{ME(i)}$ 计算公式为

$$\sum_{i=1}^{nME} P_{ME(i)} = 0.75 \times \sum MCR_{ME(i)} - 0.75 \times \sum P_{PTO(i)} \text{ 且 } \sum P_{PTO(i)} \leqslant \frac{P_{AE}}{0.75} \tag{2.18}$$

②如果安装的主机的功率高于推进系统通过技术手段验证所限定的输出功率时，则用于确定参考航速 V_{ref} 及 EEDI 计算的 $\sum P_{ME(i)}$ 的值应为所限定的功率的 75%。图 2-3 给出了确定主机功率 $\sum P_{ME(i)}$ 的示例。

(3) $P_{PTI(i)}$。

如果安装了轴马达(多台)，则 $P_{PTI(i)}$ 是每台轴马达的额定功率消耗的 75%除以发电机(多台)的加权平均效率，即

$$\sum P_{PTI(i)} = \frac{\sum 0.75 \cdot P_{SM,max(i)}}{\eta_{\overline{Gen}}} \tag{2.19}$$

式中　$P_{SM,max(i)}$——每台轴马达的额定功率消耗，kW；

$\eta_{\overline{Gen}}$——发电机(多台)的加权平均效率。

如果轴马达安装在蒸汽轮机上，则 $P_{PTI(i)}$ 为额定输出功率的 83%，系数 0.75 应替换为 0.83。

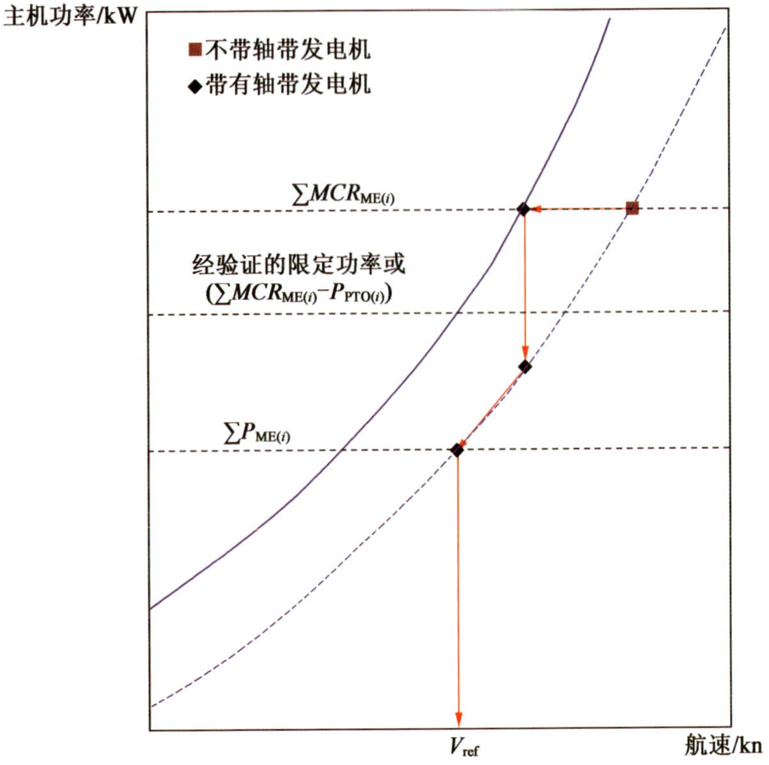

图 2-3　主机功率 $\sum P_{\text{ME}(i)}$ 的确定

V_{ref} 对应的推进功率则为

$$\sum P_{\text{ME}(i)} + \sum P_{\text{PTI}(i),\text{Shaft}} \tag{2.20}$$

其中

$$\sum P_{\text{PTI}(i),\text{Shaft}} = \sum (0.75 \cdot P_{\text{SM},\max(i)} \cdot \eta_{\text{PTI}(i)}) \tag{2.21}$$

式中，$\eta_{\text{PTI}(i)}$ 是安装的每台轴马达的效率。

如果上述定义的总推进功率大于经检验的技术方法限制的推进系统功率的 75%，则使用受限制功率的 75%作为总推进功率用于确定航速 V_{ref} 和计算 EEDI。

假如船舶设有兼用的 PTI 或 PTO，则应根据船舶在海上的常规营运模式来确定在 EEDI 计算中使用哪个参数。例如，船舶在海上正常营运时该兼用系统是作为轴带发电机用，则计算该船 EEDI 时，公式中应使用 P_{PTO} 参数，而 P_{PTI} 为 0。

如果在经验证的文件中明确给出了轴马达系统链的效率,则应该考虑用该轴马达系统链的效率来代表从配电板到轴马达之间的设备能量损失。

(4)$P_{\mathrm{eff}(i)}$。

$P_{\mathrm{eff}(i)}$ 指在 75%主机功率下用于推进的创新机械能效技术的输出功率。

这里不需要测量直接传递到轴上的机械回收废能,因为该技术的影响已经直接反映在航速 V_{ref} 上了。

如果一艘船舶安装了多台主机,则 C_{FME} 和 SFC_{ME} 应该是所有主机的功率加权平均值。

如果船舶安装了双燃料发动机,应该按照 2.2.2.1 节和 2.2.2.7 节计算 C_{F} 和 SFC。

(5)$P_{\mathrm{AEeff}(i)}$。

$P_{\mathrm{AEeff}(i)}$ 是指船舶在 $P_{\mathrm{ME}(i)}$ 下测得的由于采用创新电力能效技术而减少的辅机功率。

(6)P_{AE}。

P_{AE} 指船舶以 V_{ref} 航速航行时提供常规最大海况负载所必需的辅机功率,包括推进装置/系统和船上生活(如主机泵、导航系统和设备以及船上起居等)所必需的功率,但不包括不用于推进装置/系统的功率(例如侧推器、货舱泵、装卸设备、压载泵、冷藏箱和货物处所通风机等货物维护设施所需的功率)。

P_{AE} 的计算包括以下几种情况。

①对于总推进功率 $\left(\sum MCR_{\mathrm{ME}(i)} + \dfrac{\sum P_{\mathrm{PTI}(i)}}{0.75}\right)$ 大于等于 10 000 kW 的船舶,P_{AE} 采用以下公式计算

$$P_{\mathrm{AE}\left(\sum MCR_{\mathrm{ME}(i)} \geqslant 10\,000\ \mathrm{kW}\right)} = \left(0.025 \times \left(\sum_{i=1}^{n\mathrm{ME}} MCR_{\mathrm{ME}(i)} + \frac{\sum_{i=1}^{n\mathrm{PTI}} P_{\mathrm{PTI}(i)}}{0.75}\right)\right) + 250 \tag{2.22}$$

②对于总推进功率 $\left(\sum MCR_{\mathrm{ME}(i)} + \dfrac{\sum P_{\mathrm{PTI}(i)}}{0.75}\right)$ 小于 10 000 kW 的船舶,P_{AE} 采用以下公式计算

$$P_{AE(\sum MCR_{ME}<10\ 000\ kW)}=0.05\times\left(\sum_{i=1}^{nME}MCR_{ME(i)}+\frac{\sum_{i=1}^{nPTI}P_{PTI(i)}}{0.75}\right)\tag{2.23}$$

③对于具有再液化系统或压缩机的 LNG 运输船，该再液化系统或压缩机设计用于正常营运，并对保持 LNG 货舱压力低于正常营运时液货舱释放阀最大调定压力至关重要，则应按式(2.24)、式(2.27)或式(2.28)对上述 P_{AE} 公式添加以下参数。

a. 对于具有再液化系统的船舶，应按式(2.24)对上述 P_{AE} 公式添加以下附加功率

$$+CargoTankCapacity_{LNG}\times BOR\times COP_{reliquefy}\times R_{reliquefy}\tag{2.24}$$

式中　$CargoTankCapacity_{LNG}$——LNG 货舱舱容，m^3；

BOR——整船每天蒸发气体的设计蒸发率，见建造合同中规格书的规定；

$COP_{reliquefy}$——每一单位体积的再液化蒸发气体的设计功率能力系数，$COP_{reliquety}$ 按下式计算

$$COP_{reliquefy}=\frac{425(kg/m^3)\times 511(kJ/kg)}{24(h)\times 3\ 600(s)\times COP_{cooling}^{①}}\tag{2.25}$$

$R_{reliquefy}$——再液化的蒸发气体(BOG)与所有蒸发气体之比，按下式计算

$$R_{reliquefy}=\frac{BOG_{reliquefy}}{BOG_{total}}\tag{2.26}$$

b. 对于具有柴油机直推系统或柴电推进系统的 LNG 运输船，如果该船设有用于供应高压气体驱动蒸发气体至发动机的一个或多个压缩机的(通常为二冲程双燃料发动机)，应按式(2.27)对上述 P_{AE} 公式添加以下附加功率

$$+COP_{comp}\times\sum_{i=1}^{nME}SFC_{ME(i),gasmode}\times\frac{P_{ME(i)}}{1\ 000}\tag{2.27}$$

式中　COP_{comp}——压缩机的设计功率性能，取 0.33 kWh/kg，也可以使用由制造商计算并经主管机关或经主管机关认可的组织验证的其他值。

c. 对于具有柴油机直推系统或柴电推进系统的 LNG 运输船，如果设有

① $COP_{cooling}$ 为再液化设计能力系数，取 0.166，也可以使用由制造商计算并经主管机关或经主管机关认可的组织验证的其他值。

用于供应低压气体驱动蒸发气体至发动机的一个或多个压缩机的(通常为四冲程双燃料发送机),应按式(2.28)对上述 P_{AE} 公式添加以下附加功率

$$+0.02\times\sum_{i=1}^{nME}P_{ME(i)} \tag{2.28}$$

式(2.28)中,系数0.02是假定的。与压缩蒸发气体供给蒸汽涡轮所需的能量相比,压缩蒸发气体以供给四冲程双燃料发动机所需的额外能量约等于2%的 P_{ME}。

④对于具有柴电推进系统的LNG运输船,计算 P_{AE} 时应用 $MPP_{Motor(i)}$ 代替 $MCR_{ME(i)}$。

⑤对于具有蒸汽涡轮推进系统的LNG运输船,其电力主要由与蒸汽和给水系统紧密相连的涡轮发电机供应,则 P_{AE} 可取为0,在计算 $SFC_{SteamTurbine}$ 时无须计及电力负荷。

(7)电功率表的使用。

对某些船型而言,例如客船,如果船舶以 V_{ref} 航速航行时以上述公式计算所得的 P_{AE} 值与正常航行时所使用的总功率相差很大,则 P_{AE} 应根据电功率表中船舶以 V_{ref} 航速航行时所消耗的电功率(不包括推进功率)除以发电机(多台)加权平均效率予以估算。

2.2.2.6 参数 V_{ref}、*capacity* 和 P 的一致性

航速(V_{ref})、装载量(*capacity*)和功率(P)应相互对应一致。对于具有柴电推进或蒸汽涡轮推进系统的LNG运输船,V_{ref} 是在83%的 MPP_{motor} 或 $MCR_{Steam\ Turbine}$ 时的对应航速。

2.2.2.7 经核定的燃油消耗率(*SFC*)

SFC 是指柴油机或蒸汽涡轮经核定的单位燃油消耗量,单位为g/kWh。

(1)主机和辅机的 *SFC*。

式(2.3)中 *SFC* 的下标ME(i)和AE(i)分别指主机和辅机。对于按照《2008年 NO_x 技术规则》的E2或E3试验循环发证的发动机,该柴油发动机的燃油消耗率($SFC_{ME(i)}$)是记录在 NO_x 技术案卷里的试验报告中的当发动机处于75%的 *MCR* 或额定扭矩时的燃油消耗率;对于按照《2008年 NO_x 技术规则》的D2或C1试验循环发证的发动机,其燃油消耗率($SFC_{AE(i)}$)是记录在 NO_x 技术案卷里的试验报告中的当发动机处于50%的 *MCR* 或额定扭矩时的燃油消耗率。如果按照《新船能效设计指数(EEDI)检验和发证导

则》所述使用气体燃料作为主燃料,应使用气体运行模式下的 *SFC* 值。如果安装的一台或多台发动机没有经批准的气体运行模式下的 NO_x 技术案卷,则气体运行模式下的 *SFC* 值应由制造商提交并经验证方确认。

应该使用燃油的标准低热值(42 700 kJ/kg)将 *SFC* 修正到 ISO 标准参考条件下,参见 ISO 15550:2002 和 ISO 3046-1:2002。

对于某些船型,如传统客船,如果按照式(2.22)、式(2.23)、式(2.24)、式(2.27)、式(2.28)计算所得的 P_{AE} 值与正常航行时使用的总功率相差很大,则该辅机的燃油消耗率(SFC_{AE})采用记录在 NO_x 技术案卷的试验报告中的当发动机处于 75%的 *MCR* 或额定扭矩时的燃油消耗率。

SFC_{AE} 是每台辅柴油机的 $SFC_{AE(i)}$ 的功率加权平均值。

对于那些由于功率小于 130 kW 而没有包含在 NO_x 技术案卷中的试验报告的发动机,应使用由发动机制造商规定的并经主管机关认可的 *SFC* 值。

在设计阶段,如果无法获得 NO_x 技术案卷中的试验报告,则应使用由制造商规定并经主管机关认可的 *SFC* 值。

对于以 LNG 燃料驱动的船舶,应使用 LNG 的标准低热值(48 000 kJ/kg)将以 kJ/kWh 为单位的燃油消耗率修正为以 g/kWh 为单位的 *SFC* 值,参见《2006 年 IPCC 国家温室气体清单指南》。

表 2-4 中给出了附加燃料的参考低热值。在计算中应使用与每种燃料碳转换系数相对应的参考低热值。

(2)蒸汽轮机的 *SFC*。

蒸汽轮机的燃油消耗率($SFC_{\text{Steam Turbine}}$)应由制造商计算并经主管机关或主管机关授权的组织验证。$SFC_{\text{Steam Turbine}}$ 计算方式如下

$$SFC_{\text{Steam Turbine}} = \frac{FuelConsumption}{\sum_{i=1}^{nME} P_{ME(i)}} \tag{2.29}$$

式中,*FuelConsumption* 指锅炉每小时的燃油消耗量,g/h。

对于电力供应主要来自于与蒸汽和给水系统紧密相连的涡轮发电机的船舶,不仅应计及 P_{ME},还应计及 2.2.2.5 节第(6)部分所述的电力负荷。应使用在 SNAME 工况(工况标准为气温 24 ℃、风机进风温度 38 ℃、海水温度 24 ℃)下的 LNG 标准低热值(48 000 kJ/kg)将 *SFC* 值修正为 LNG 的 *SFC* 值。在修正过程中,应考虑到基于试验燃料低热值和基于 LNG 低热值的锅炉效率的差别。

2.2.2.8　补偿船舶特定设计因素的修正系数(f_j)

系数f_j 是用于补偿船舶特定设计因素的修正系数,具体包括以下几种情况。

(1)冰级船的功率修正系数。

对于冰级船,功率修正系数f_j 应该取自表 2-5 中所列的f_{j0} 和$f_{j,min}$ 中的较大值,但不应大于$f_{j,max}=1.0$。

表 2-5　冰级船的功率修正系数 f_j

船舶类型	f_{j0}	取决于冰级的$f_{j,min}$			
		IA Super	IA	IB	IC
液货船	$\frac{17.444 \cdot DWT^{0.5766}}{\sum_{i=1}^{nME} MCR_{ME(i)}}$	$0.2488 \cdot DWT^{0.0903}$	$0.4541 \cdot DWT^{0.0524}$	$0.7783 \cdot DWT^{0.0145}$	$0.8741 \cdot DWT^{0.0079}$
散货船	$\frac{17.207 \cdot DWT^{0.5705}}{\sum_{i=1}^{nME} MCR_{ME(i)}}$	$0.2515 \cdot DWT^{0.0851}$	$0.3918 \cdot DWT^{0.0556}$	$0.8075 \cdot DWT^{0.0071}$	$0.8573 \cdot DWT^{0.0087}$
普通货船	$\frac{1.974 \cdot DWT^{0.7987}}{\sum_{i=1}^{nME} MCR_{ME(i)}}$	$0.1381 \cdot DWT^{0.1435}$	$0.1574 \cdot DWT^{0.144}$	$0.3256 \cdot DWT^{0.0922}$	$0.4966 \cdot DWT^{0.0583}$
冷藏货船	$\frac{5.598 \cdot DWT^{0.696}}{\sum_{i=1}^{nME} MCR_{ME(i)}}$	$0.5254 \cdot DWT^{0.0357}$	$0.6325 \cdot DWT^{0.0278}$	$0.7670 \cdot DWT^{0.0159}$	$0.8918 \cdot DWT^{0.0079}$

或者,如果冰级船是基于具有 EEDI 认证的且与其船体形状和尺寸相同的开阔水域船舶来设计和建造的,则可以使用冰级法规要求的新冰级船的推进功率 $P_{ice\ class}$ 和现有的开阔水域船舶的推进功率 P_{ow} 来计算该冰级船的功率修正系数f_j,计算公式如下

$$f_j=\frac{P_{ow}}{P_{ice\ class}} \tag{2.30}$$

在这种情况下,应在现有开阔水域船舶上安装的发动机的轴功率(见 2.2.2.5 节的定义)下测量 V_{ref}。

(2)具有推进冗余的穿梭油船的功率修正系数。

对于具有推进冗余的穿梭油船,其功率修正系数$f_j=0.77$。该修正系数适用于 80 000 至 160 000 载重吨之间的具有推进冗余的穿梭油船。具有推

进冗余的穿梭油船是指为满足动力定位和冗余推进附加标识的要求而设有双发动机和双螺旋桨、用于从海上设施装载原油的液货船。

(3)滚装货船和滚装客船的修正系数。

对于滚装货船和客滚船，其功率修正系数f_{jRORO}按下式计算

$$f_{jRORO}=\frac{1}{F_{n_L}^{\alpha}\cdot\left(\frac{L_{PP}}{B_s}\right)^{\beta}\cdot\left(\frac{B_s}{d_s}\right)^{\gamma}\cdot\left(\frac{L_{PP}}{\nabla^{\frac{1}{3}}}\right)^{\delta}};如果 f_{jRORO}>1,则 f_j=1 \quad (2.31)$$

式中，傅汝德数$F_{n_L}^{\alpha}$的定义为

$$F_{n_L}^{\alpha}=\frac{0.5144\cdot V_{ref}}{\sqrt{L_{PP}\cdot g}} \quad (2.32)$$

系数α、β、γ、δ根据船型按表2-6取值。

表2-6 系数α、β、γ、δ的取值

船型	α	β	γ	δ
滚装货船	2.00	0.50	0.75	1.00
滚装客船	2.50	0.75	0.75	1.00

(4)杂货船的修正系数。

杂货船的f_j系数按下式计算

$$f_j=\frac{0.174}{F_{n_\nabla}^{2.3}\cdot C_b^{0.3}};如果 f_j>1,则 f_j=1 \quad (2.33)$$

式中

$$F_{n_\nabla}=\frac{0.5144\cdot V_{ref}}{\sqrt{g\cdot\nabla^{\frac{1}{3}}}};如果 F_{n_\nabla}>0.6,则 F_{n_\nabla}=0.6 \quad (2.34)$$

$$C_b=\frac{\nabla}{L_{PP}\cdot B_s\cdot d_s} \quad (2.35)$$

(5)其他船型的修正系数。

对于其他船型，f_j应取1.0。

2.2.2.9 船舶失速系数(f_w)

f_w是表示船舶在波高、波频和风速等典型海况(如蒲氏风级6级)下失

速的无量纲系数,可根据以下方法确定。

(1)根据式(2.3)计算 *attained EEDI* 时,f_w 取 1.0。

(2)如果根据下文①和②计算了 f_w,且用该 f_w 计算值根据式(2.3)计算得到的 *attained EEDI* 值应表示为"$attained\ EEDI_{weather}$"。

①f_w 可以通过在典型海况下开展船舶性能模拟试验获得。模拟试验的方法应符合由 IMO 制定的导则的规定,每艘船的试验方法和试验结果应由主管机关或主管机关认可的组织进行验证。

②如果不进行模拟试验,f_w 可以通过"标准 f_w"表格/曲线查得。《典型海况下船舶失速系数(f_w)计算临时导则》[10]给出了每种船型的"标准 f_w"表格/曲线,并以 *capacity* 的函数表示。"标准 f_w"表格/曲线根据尽可能多的现有船舶在典型海况下的实际失速数据确定。

f_w 和 $attained\ EEDI_{weather}$(如计算),以及确定这些值时的典型海况应在 EEDI 技术案卷中注明,以区别于 MARPOL 公约附则Ⅵ能效要求条款中所述的 *attained EEDI* 值。

2.2.2.10　每种创新能效技术的系数($f_{eff(i)}$)

$f_{eff(i)}$ 是每种创新能效技术的可利用率。对于废能回收系统,$f_{eff(i)}$ 应为 1.0。

2.2.2.11　装载量修正系数(f_i)

f_i 是对装载量的修正系数,用于补偿船舶因技术或法规要求而限制了的装载量。如果无须考虑该系数,应假定该系数为 1.0。

(1)冰级船的装载量修正系数。

对于以 *DWT* 作为装载量衡量标准的冰级船,装载量修正系数应按下式计算

$$f_i = f_{i(\text{ice class})} \cdot f_{iC_b} \tag{2.36}$$

式中,$f_{i(\text{ice class})}$ 为冰级船的装载量修正系数,其取值从表 2-7 中获得。

表 2-7　冰区加强船体的装载量修正系数

冰级	$f_{i(\text{ice class})}$
IC	$f_{i(IC)} = 1.0041 + 58.5/DWT$
IB	$f_{i(IB)} = 1.0067 + 62.7/DWT$
IA	$f_{i(IA)} = 1.0099 + 95.1/DWT$
IS Supper	$f_{i(IAS)} = 1.0151 + 228.7/DWT$

f_{iC_b} 为增强冰区航行能力的装载量修正系数，其取值应不小于 1.0，并按下式计算

$$f_{iC_b}=\frac{C_{b\ \text{reference design}}}{C_b} \tag{2.37}$$

式中 $C_{b\ \text{reference design}}$——相应船型的平均方形系数，对于散货船、油船和杂货船，可从表 2-8 中获得；

C_b——船舶的方形系数。

对于散货船、油船和杂货船以外的船型，$f_{iC_b}=1.0$。

表 2-8 散货船、油船和杂货船的平均方形系数 $C_{b\ \text{reference design}}$

船型	尺寸类别				
	10 000 *DWT* 以下	10 000～25 000 *DWT*	25 000～55 000 *DWT*	55 000～75 000 *DWT*	75 000 *DWT* 以上
散货船	0.78	0.80	0.82	0.86	0.86
油船	0.78	0.78	0.80	0.83	0.83
杂货船	0.80				

或者，可采用下文针对船舶特定的自愿结构加强修正系数（f_{iVSE}）给出的公式来计算冰级船的载运能力修正系数（$f_{i(\text{ice class})}$）。该公式也可用于表 2-7 以外的其他冰级。

（2）船舶特定的自愿结构加强修正系数 f_{iVSE}。

船舶特定的自愿结构加强修正系数 f_{iVSE} 按下式计算

$$f_{iVSE}=\frac{DWT_{\text{reference design}}}{DWT_{\text{enhanced design}}} \tag{2.38}$$

式中

$$DWT_{\text{reference design}}=\Delta_{\text{ship}}-lightweight_{\text{reference design}} \tag{2.39}$$

$$DWT_{\text{enhanced design}}=\Delta_{\text{ship}}-lightweight_{\text{enhanced design}} \tag{2.40}$$

式中 $DWT_{\text{reference design}}$——应用结构加强前的载重吨，t；

$lightweight_{\text{reference design}}$——应用结构加强前的空船质量，t；

$DWT_{\text{enhanced design}}$——自愿结构加强后的载重吨，t；

$lightweight_{\text{enhanced design}}$——自愿结构加强后的空船质量，t；

Δ_{ship}——船舶排水量,t,计算时,基本设计和加强设计应取相同的排水量。

如果应用结构加强前的原始设计与加强设计之间仅仅是材料发生了变化(如从铝合金变为钢)则不允许用 f_{iVSE} 修正 *capacity*。相同材料的等级变化(如钢材类型、等级、性能和条件等)同样不允许用 f_{iVSE} 修正 *capacity*。

在每种情况下,应将该船的两套结构设计图提交给验证方进行评定。一套是无自愿结构加强的船舶结构设计图,另一套是该船经自愿结构加强后的船舶结构设计图。或者,也可以提供一套带自愿结构加强标识的船舶原始设计的结构图纸。两套结构图均应符合船型和预定贸易的适用规则。

(3)共同结构规范(CSR)规定的船舶修正系数 f_{iCSR}。

对于按照船级社共同结构规范(CSR)建造并授予附加标志 CSR 的散货船和油船,适用以下装载量修正系数 f_{iCSR}

$$f_{iCSR}=1+0.08\cdot LWT_{CSR}/DWT_{CSR} \tag{2.41}$$

式中　DWT_{CSR}——根据 2.2.2.4 节确定的载重吨,t;

LWT_{CSR}——空船重量,t。

(4)其他船型的 f_i。

对于其他船型,f_i 应取 1.0。

2.2.2.12　舱容修正系数(f_c)

f_c 是舱容修正系数,如果无须考虑该系数,则应假定该系数为 1.0。

(1)化学品船的 f_c。

对于如 MARPOL 公约附则Ⅱ第 1.16.1 条定义的化学品船,适用以下公式给定的舱容修正系数 f_c

$$\text{当 } R<0.98 \text{ 时},\ f_c=R^{-0.7}-0.014;\text{当 } R\geqslant 0.98 \text{ 时},\ f_c=1.000 \tag{2.42}$$

式中,R 为根据 2.2.2.4 节确定的船舶载重吨(t)与船舶货舱总容积(m^3)的比值。

(2)气体运输船的 f_c(f_{cLNG})。

对于具有直接柴油驱动推进系统且建造或改装成载运散装液化天然气的气体运输船,适用以下公式给定的舱容修正系数 f_{cLNG}①

①该系数适用于按 MARPOL 公约附则Ⅵ第 2.2.14 条定义的气体运输船的 LNG 运输船,而不应适用于按 MARPOL 公约附则Ⅵ第 2.2.16 条所定义的 LNG 运输船。

$$f_{cLNG}=R^{-0.56} \tag{2.43}$$

式中，R 为根据 2.2.2.4 节确定的船舶载重吨（t）与船舶货舱总容积（m^3）的比值。

（3）滚装客船的 f_c（f_{cRoPax}）。

对于 DWT/GT（载重吨与总吨之比）小于 0.25 的滚装客船，适用以下公式给定的舱容修正系数 f_{cRoPax}

$$f_{cRoPax}=\left(\frac{\left(\frac{DWT}{GT}\right)}{0.25}\right)^{-0.8} \tag{2.44}$$

式中　DWT——载重吨，t；

GT——《1969 年国际船舶吨位丈量公约》附则Ⅰ第 3 条规定的总吨位，t。

（4）对于舱容系数 R 小于 0.55 的散货船的 f_c（$f_{c\ bulk\ carriers\ to\ carry\ light\ cargoes}$）。

对于舱容系数 R 小于 0.55 的散货船（例如木屑船），适用以下公式给定的舱容修正系数 $f_{c\ bulk\ carriers\ to\ carry\ light\ cargoes}$

$$f_{c\ bulk\ carriers\ designed\ to\ carry\ light\ cargoes}=R^{-0.15} \tag{2.45}$$

式中，舱容系数 R 为根据 2.2.2.4 节确定的船舶载重吨（t）与船舶货舱总容积（m^3）的比值。

2.2.2.13　船舶垂线间长（L_{PP}）

船舶垂线间长 L_{PP} 指量至龙骨顶部的最小型深 85% 处水线总长的 96% 或沿该水线艏柱前缘至舵杆中心的长度，取大者。对设计成具有倾斜龙骨的船舶，计量该长度的水线应与设计水线平行。L_{PP} 的计量单位为 m。

2.2.2.14　配备起重机和装卸设备的杂货船的系数（f_l）

f_l 是对配备起重机和其他装卸设备（如舷侧装卸设备、滚装坡道）的杂货船的修正系数，用于补偿船舶载重吨的损失，其计算公式如下

$$f_l=f_{cranes}\cdot f_{sideloader}\cdot f_{RORO} \tag{2.46}$$

（1）f_{cranes} 定义。

$$f_{cranes}=1+\frac{\sum_{n=1}^{n}(0.0519\cdot SWL_n\cdot Reach_n+32.11)}{capacity} \tag{2.47}$$

式中 SWL——由起重机制造商规定的安全工作负荷,t;

$Reach$——安全工作负荷内的伸臂长度,m;

n——起重机数量;

$capacity$——船舶装载量,t。

如没有起重机,则 $f_{cranes}=1$。

(2)$f_{sideloader}$ 定义。

$$f_{sideloader}=\frac{capacity_{No\ sideloaders}}{capacity_{sideloaders}} \tag{2.48}$$

式中 $capacity_{No\ sideloaders}$——无舷侧装卸设备时的船舶装载量,t;

$capacity_{sideloaders}$——配备舷侧装卸设备后的船舶装载量,t。

舷侧装卸设备的质量应基于直接计算确定,计算方法类似于 f_{iVSE} 的计算。如没有舷侧装卸设备,则 $f_{sideloader}=1$。

(3)f_{roro} 定义。

$$f_{RORO}=\frac{capacity_{No\ roro}}{capacity_{roro}} \tag{2.49}$$

式中 $capacity_{No\ roro}$——无滚装坡道时的船舶装载量,t;

$capacity_{roro}$——配备滚装坡道后的船舶装载量,t。

滚装坡道的质量应基于直接计算确定,计算方法类似于 f_{iVSE} 的计算。如没有滚装坡道,则 $f_{roro}=1$。

2.2.2.15 夏季载重线吃水(d_s)

夏季载重线吃水 d_s 为在船长中点处从型基线至核定的夏季干舷吃水对应的水线的垂直距离,m。

2.2.2.16 船宽(B_s)

船宽 B_s 为船舶处于或低于载重线吃水 d_s 时的最大型宽,m。

2.2.2.17 排水体积(∇)

排水体积∇是指外壳为金属的船舶的型排水体积,不包括其附属物,或是指船壳为任何其他材质的船体外表面的排水体积,均取经批准的稳性手册/装载手册规定的夏季载重线吃水 d_s 处的对应值,m^3。

2.2.2.18 重力加速度(g)

g 为重力加速度,其值取 9.81 m/s^2。

2.2.2.19 具有 IA Super 和 IA 冰级附加标志的冰级船的系数(f_m)

对于具有 IA Super 和 IA 冰级附加标志的冰级船,适用以下系数

$$f_m = 1.05$$

2.3 EEDI 检验和发证方法

MEPC 第 79 届会议(2022 年 12 月 12 日至 16 日)以第 MEPC.365(79)号决议发布了《2022 年能效设计指数(EEDI)检验和发证导则》[11],给出了最新的 EEDI 检验和发证要求,包括 EEDI 检验和发证的基本流程、*attained EEDI* 两步验证(设计阶段的初步验证和试航阶段的最终验证)的具体要求,以帮助 EEDI 验证方①根据 MARPOL 公约附则Ⅵ第 5、6、7、8 和 9 条开展 EEDI 的检验与认证,并帮助船东、造船厂和其他相关方理解 EEDI 检验和发证的程序。

2.3.1 EEDI 检验和发证的基本流程

每一艘船达到的 EEDI 值应根据 MARPOL 公约附则Ⅵ第 20 条和《2022 年新船达到的能效设计指数(EEDI)计算方法导则》计算得到。EEDI 的检验和发证应分两个阶段进行:设计阶段的初步验证和试航阶段的最终验证,具体流程如图 2-4 所示。

图 2-4 中,验证申请方一般为船东、船厂或设计单位;水池试验的申请方为船东、船厂、设计单位或经授权的水池试验机构;验证方一般为船级社或其他经主管机关授权的机构。验证过程中使用的信息可能包含申请方的秘密信息,这需要知识产权(IPR)的保护。如果申请方希望与验证方达成保密协议,则应在相互协商一致的条款与条件下向验证方提供附加信息。

---

①验证方指根据 MARPOL 公约附则Ⅵ第 5、6、7、8 和 9 条及其相关导则进行 EEDI 检验与发证的主管机关或经主管机关授权的组织。

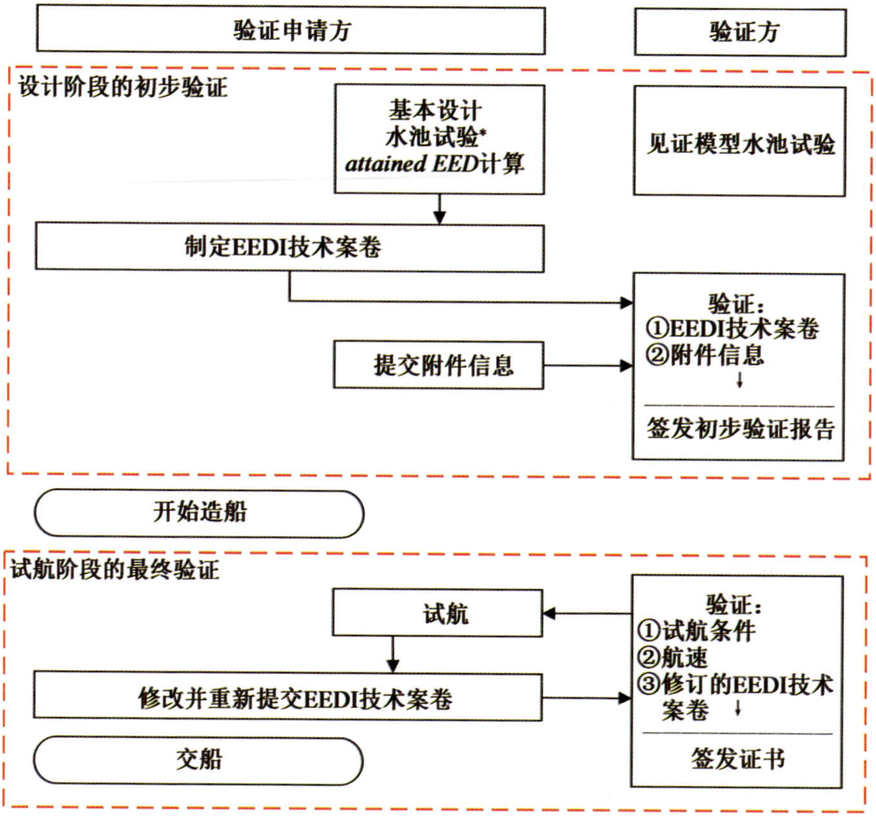

* 由试验机构或申请方开展。

图 2-4　EEDI 检验和发证程序的基本流程

2.3.2　设计阶段的 *attained EEDI* 初步验证

2.3.2.1　一般规定

为了开展一艘船在设计阶段的 *attained EEDI* 初步验证，验证申请方应向验证方提交初步验证申请和 EEDI 技术案卷，其中应包含验证所必需的资料和其他相关的背景文件。

验证方根据 EEDI 验证导则进行设计阶段的 *attained EEDI* 验证，如果合格，则为该船签发 EEDI 初步验证报告。

2.3.2.2　EEDI 技术案卷的基本要求

EEDI 技术案卷应至少用英文书写，包括但不限于以下内容。

(1) 相关设计参数，包括：①船舶载重吨（DWT），对客船和滚装客船而言，则为总吨位（GT）；②主机和辅机的最大持续功率（MCR）；③用于 *attained EEDI* 计算的航速（V_{ref}）；④燃料类型；⑤主机在 75%MCR 下经核定的燃油消耗率（SFC）；⑥辅机在 50%MCR 下经核定的燃油消耗率（SFC）；⑦用于某些特定船型（如客船、邮轮）计算 *attained EEDI* 用的电功率表（如有必要）。

(2) 在设计阶段估算的船舶在 2.2.2.2 节中规定的条件（船舶在满载吃水下和假定无风、无浪、无流和深水；需要注意的是，集装箱船应为 70%DWT 装载状态）下的航速-功率曲线；如果试航不是在以上条件下进行，则还应通过水池试验①得出船舶在预设试航工况下和假定无风、无浪、无流和深水条件下估算的航速-功率曲线[13]。

(3) 主要参数细节、船型以及用于界定船型的相关资料、船级符号以及船上推进系统和供电系统的总体情况。

(4) 设计阶段航速-功率曲线的评估过程和方法。

(5) 节能设备的描述。

(6) 船舶 *attained EEDI* 的计算值及其计算概要（至少应包含用于确定船舶 *attained EEDI* 的每一计算参数值和计算过程）。

(7) 如果计算了船舶风浪失速系数 f_w（不等于 1.0），则还应包括 *attained* $EEDI_{weather}$ 的计算值和 f_w 值。

(8) 如果是 LNG 运输船，还应包括：①推进系统的类型和概述（如柴油机直推、电力推进或蒸汽轮机推进）；②LNG 货舱容积（m^3）和 BOR（船舶建造合同中规定的整船每天蒸发气体的设计蒸发率）；③100%发动机额定输出功率（MPP_{Motor}）下传动装置后的轴功率和柴油发电机效率 $\eta_{(i)}$；④蒸汽轮机的最大持续额定功率（$MCR_{SteamTurbine}$）；⑤蒸汽轮机的 $SFC_{SteamTurbine}$。

对于安装了使用 LNG 和燃油的双燃料发动机的船舶，应采用以下标准使用气体燃料（LNG）的 C_F 和 SFC：

(1) 根据 2.2.2.1 节所述，确定气体燃料是否为“主要燃料”；

(2) 如船上安装的不全是双燃料发动机，气体燃料的碳转换系数（C_F）只能应用于已安装的双燃料发动机，并保证这些发动机有足够的气体燃料供应；

①水池试验指模型阻力试验、自航试验和螺旋桨敞水试验。经验证方同意，数值计算也可等同于模型螺旋桨敞水试验或用作补充已开展的水池试验（如用于评估艏等附体结构对船舶性能的影响）。

(3)采用专门可拆换的 LNG 罐柜的燃料供应方式,也应符合 LNG 作为主要燃料的规定。

主机和辅机的 *SFC* 应取自经批准的 NO_x 技术案卷,并且应该使用燃油的标准低热值(42 700 kJ/kg)将其修正到 ISO 标准参考条件下(参见 ISO 15550:2002 和 ISO 3046-1:2002)。为了确认 *SFC*,申请方应向验证方提供经批准的 NO_x 技术案卷的副本和有关修正计算的概述文件。如果在申请初步验证时 NO_x 技术案卷尚未获得批准,则应使用制造商提供的试验报告。在这种情况下进行试航验证时,应向验证方提交经批准的 NO_x 技术案卷的副本和有关修正计算的概述文件。当根据 2.2.2.1 节确定了气体燃料为主要燃料且安装的发动机没有经批准的气体运行模式下的 NO_x 技术案卷,则气体运行模式下的 *SFC* 值应由制造商提交并经验证方确认。

需要注意的是,NO_x 技术案卷中的燃油消耗率是母型机的燃油消耗率,将其作为成员机的燃油消耗率进行 *attained EEDI* 计算可能会引起一些技术问题,包括:①NO_x 技术案卷中给出的成员机定义很宽泛,属于同一系列的发动机的技术规格可能不同;②母型机的 NO_x 排放率在该系列发动机中是最高的,即可以用来替代 NO_x 排放率的 CO_2 排放率可能比该系列发动机中的其他发动机低。这些需要进一步考虑。

2.3.2.3　附加信息的基本要求

如有必要,验证方可能要求验证申请方提供除 EEDI 技术案卷包含的内容以外的一些附加信息用于检查 *attained EEDI* 值的计算过程。对于设计阶段的航速估算,很大程度上取决于造船厂的经验,而充分检查粗糙度系数和伴流分数等经验参数,对于造船厂以外的任何个人或组织都是不太可行的。因此,初步验证着重于验证 *attained EEDI* 值的计算过程,即要确保该计算在技术上是合理的且是按照 MARPOL 公约附则Ⅵ和 EEDI 计算导则[7][9]进行的。

验证方要求验证申请方直接提供的附加信息应至少包括但不限于以下内容。

(1)水池试验设施的描述,应包括设施名称、水池和拖曳设备的技术细节以及每个监测设备的校准记录。

(2)船模和实船的线型,用于验证水池试验的合理性;线型(纵剖线图、横剖线图和半宽水线图)应足够详细,以证明船模与实船的相似性。

(3)船舶的空船重量和排水量表,用于验证载重吨。

(4)关于水池试验方法和结果的详细报告,至少应包括在试航条件下和2.2.2.2节所规定的条件下的水池试验结果。

(5)航速预报的详细过程,应包括粗糙度系数、伴流分数等经验参数估算依据。

(6)如申请免除水池试验,需提出申请免除的理由,应包括相同船型船的型线和水池试验结果及其与实船的主要参数之间的对比。还应提供适当的技术理由,解释不需要开展水池试验的原因。

(7)对于LNG运输船,应提供 P_{AE} 和 $SFC_{SteamTurbine}$ 的详细计算过程。

2.3.2.4 关于水池试验的规定

对适用MARPOL公约附则Ⅵ第21条的船舶,用于设计阶段初步验证的航速-功率曲线应是基于水池试验的可靠结果预报的。为了保证水池试验的质量,应该考虑ITTC质量体系。验证方应该成为水池试验的见证人。

个别船舶经技术判定后可能免除水池试验,例如其相同船型船①的水池试验结果可用时。此外,经船东和造船厂协商一致且经验证方许可后,对于在2.2.2.2节规定的条件下试航的船舶,可以允许免除水池试验。

2.3.3 试航阶段的 *attained EEDI* 最终验证

2.3.3.1 一般规定

船舶建造完成后,验证申请方在试航前应向验证方提交以下文件。

(1)测速试验所用试验程序的描述,至少应包括所有必须测量的项目的描述和用于制定试航条件下航速-功率曲线的相应的测量方法。

(2)最终的排水量表和测得的空船重量,或是倾斜试验报告的副本。

(3)NO_x 技术案卷的副本(如有必要)。

2.3.3.2 对测速试航的规定

(1)试航应尽可能在2.2.2.2节中规定的EEDI条件下进行。

(2)验证方应参加试航并验证以下内容。

①推进系统和供电系统、发动机或蒸汽轮机的技术细节,以及在EEDI技术案卷中描述的其他相关项。

---

①相同船型的船指除鳍等附体结构外,船型(以型线表示,如纵剖线图和横剖线图)和主要细节与母型船舶相同的船舶。

②船舶吃水和纵倾。吃水和纵倾应在试航前通过测量吃水进行确认，应尽可能接近用于预报航速-功率曲线的假定条件下的吃水和纵倾。

③海况。海况应根据 ITTC 推荐规程 7.5-04-01-01.1《速度/功率试验的准备、实施与分析》(2017 版、2021 版或 2022 版，视海上试验时适用情况而定)[13]或根据 ISO 15016:2015《船舶和海上技术 通过分析测速试航数据以确定速度和功率性能的评估导则》[14]进行测量。

④航速。航速应根据 ITTC 推荐规程 7.5-04-01-01.1《速度/功率试验的准备、实施与分析》(2017 版、2021 版或 2022 版，视海上试验时适用情况而定)[13]或根据 ISO 15016:2015《船舶和海上技术 通过分析测速试航数据以确定速度和功率性能的评估导则》[14]进行测量，应至少在两个功率点下测量，且应包括 2.2.2.5 节所规定的主机功率。

⑤主机轴功率和转速。主机输出功率、螺旋桨轴功率(LNG 运输船采用柴电推进系统时)或蒸汽轮机的输出功率(LNG 运输船采用蒸汽涡轮推进系统时)应采用轴功率计测量，或采用制造商建议且经验证方认可的方法进行测量。经船东和造船厂协商一致且验证方许可后，允许采用其他方法测量。

(3)验证申请方应该根据试航时测得的航速和主机输出功率制定航速-功率曲线。为了制定航速-功率曲线，如有必要，验证申请方应考虑风、流、浪、浅水、排水量、水温和水密度的影响，根据 ITTC 推荐规程 7.5-04-01-01.1《速度/功率试验的准备、实施与分析》(2017 版、2021 版或 2022 版，视海上试验时适用情况而定)[13]或 ISO 15016:2015《船舶和海上技术 通过分析测速试航数据以确定速度和功率性能的评估导则》[14]对测得的航速进行修正。经船东同意后，验证申请方应向验证方提交测速试验报告，包括航速-功率曲线制定的详细资料，以便于验证。

验证申请方应该对试航结果获得的航速-功率曲线和设计阶段预报的航速-功率曲线进行对比。如果两者有差异，有必要按照如下条款重新计算 *attained EEDI* 值。

①对于在如 2.2.2.2 节规定的条件下试航的船舶，应该使用试航时在如 2.2.2.5 节所述的主机功率(P_{ME})下测得的航速重新计算 *attained EEDI* 值。

②对于不能在如 2.2.2.2 节所述的条件下试航的船舶，如果试航时在如 2.2.2.5 节所述的主机功率(P_{ME})时测得的航速与相应条件下航速-功率曲线预报的航速有差异，造船厂应该采用经验证方同意的适当的修正方法，将

航速修正到如 2. 2. 2. 2 节所述的条件下的航速,并重新计算 *attained EEDI* 值。图 2-5 给出了一种获得 EEDI 功率和 EEDI 装载条件下船舶速度(V_{ref})的方法示例。

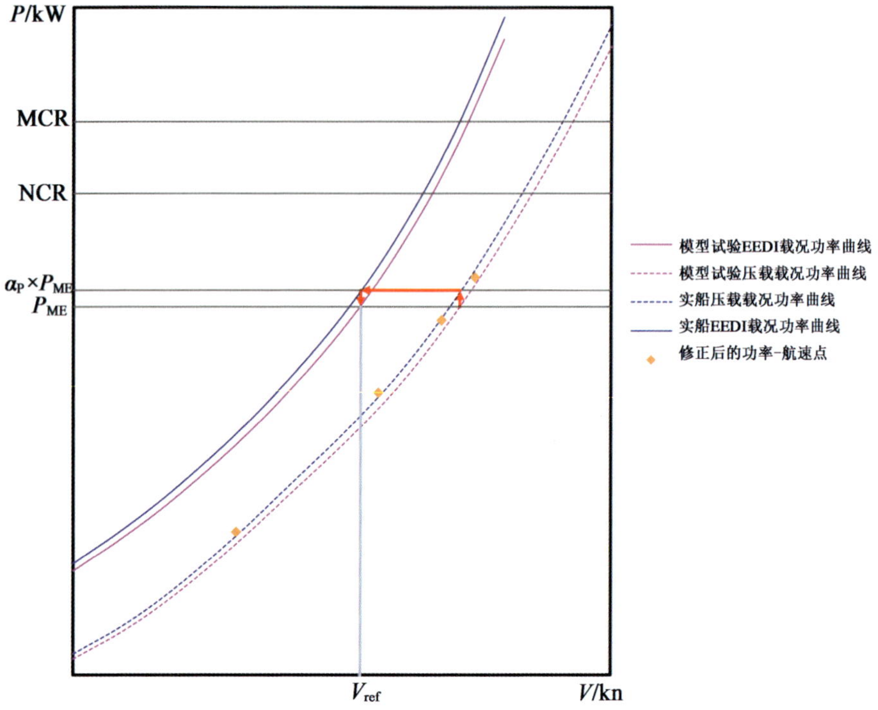

图 2-5　将测速试航结果由试航装载条件换算到 EEDI 装载条件的方法示例

图 2-5 中,V_{ref} 可根据水池试验预报得到的航速-功率曲线和试航装载条件下的实船试航结果获得。水池试验应在相应的试航装载条件和 EEDI 装载条件下进行。根据相同航速下水池试验预报的试航装载条件下的功率和试航修正后的功率,计算得到功率比 α_P,再用 EEDI 装载条件下的水池试验预报得到的 EEDI 功率下的航速乘以 α_P 即可得到 V_{ref}。计算过程如下

$$\alpha_P = \frac{P_{Trial,P}}{P_{Trial,S}} \tag{2.50}$$

$$V_{ref} = \alpha_P \cdot V_{EEDI,P} \tag{2.51}$$

式中　α_P——功率比;

$P_{Trial,P}$——水池试验预报得到的试航装载条件下的功率,kW;

$P_{Trial,S}$——测速试验获得的试航装载条件下的功率(修正后的功

率),kW;

$V_{\mathrm{EEDI,P}}$——EEDI 装载条件下的水池试验预报得到的 EEDI 功率下的航速,kn。

(4)如果最终确定的载重吨或总吨与初步验证时用于 *attained EEDI* 计算的设计载重吨或总吨不同时,验证申请方应使用最终确定的载重吨/总吨重新计算 *attained EEDI* 值。最终确定的总吨应与该船的吨位证书相一致。

(5)对于具有柴电推进系统的 LNG 运输船,在计算 *attained EEDI* 值时,电效率 $\eta_{(i)}$ 应取 91.3%。如果 $\eta_{(i)}$ 拟采用大于 91.3%的值,该电效率值应通过测量获得,并采用验证方批准的方法进行验证。

(6)在初步验证阶段,如果由于当时 NO_x 技术案卷还未通过批准而使用了制造商提供的试验报告中的 *SFC* 来计算 *attained EEDI* 值,则应该使用经批准的 NO_x 技术案卷中的 *SFC* 重新计算 *attained EEDI* 值。同时,对于蒸汽轮机,应使用试航时由主管机关或主管机关授权的机构确认的 *SFC* 重新计算 *attained EEDI* 值。

(7)必要时应考虑根据试航结果修改 EEDI 技术案卷。如果适用,修改内容应包括基于试航结果的修正航速-功率曲线(即在 2.2.2.2 节规定的条件下的修正航速)、最终确定的载重吨或总吨、具有柴电推进系统的 LNG 运输船的电效率 $\eta_{(i)}$、批准的 NO_x 技术案卷中的 *SFC* 以及根据这些修改内容重新计算的 *attained EEDI* 值。

(8)EEDI 技术案卷如有修改,应向验证方提交,以确认修改后的 *attained EEDI* 值是按照 MARPOL 公约附则Ⅵ第 20 条和 EEDI 计算导则[7]计算的。

2.3.4　重大改建后 EEDI 的验证要求

如果船舶进行了重大改建,船东应该向验证方提交附加检验申请以及根据改建内容修改的 EEDI 技术案卷和其他相关背景文件。背景文件应至少包括但不限于以下内容:

(1)重大改建的说明;

(2)重大改建后改变了的 EEDI 参数以及每个参数的技术证明;

(3)在 EEDI 技术案卷中如有其他变更,应叙述理由;

(4)*attained EEDI* 计算值和计算概述(至少应包含用于确定改建后船舶

的 *attained EEDI* 的每一计算参数值和计算过程)。

验证方应审查 EEDI 技术案卷和提交的其他文件,验证 *attained EEDI* 计算值的计算过程,以确保其技术合理且是按照 MARPOL 公约附则Ⅵ第 20 条和 EEDI 计算导则[7]进行计算的。

为了验证重大改建后的 *attained EEDI* 值,必要时需要进行测速试验。

参考文献

[1] Marine Environment Protection Committee. Resolution MEPC. 203(62)—Amendments to the annex of the protocol of 1997 to amend the international convention for the prevention of pollution from ships, 1973, as modified by the protocol of 1978 relating thereto (inclusion of regulations on energy efficiency for ships in MARPOL Annex Ⅵ) [R]. London: MEPC, 2011.

[2] Marine Environment Protection Committee. Resolution MEPC. 251(66)—Amendments to the annex of the protocol of 1997 to amend the international convention for the prevention of pollution from ships, 1973, as modified by the protocol of 1978 relating thereto (Amendments to regulations 2, 13, 19, 20 and 21 and the Supplement to the IAPP Certificate under MARPOL Annex Ⅵ and certification of dual-fuel engines under the NOX Technical Code 2008) [R]. London: MEPC, 2014.

[3] Marine Environment Protection Committee. MEPC. 1/Circ. 795/Rev. 7—Unified interpretations to MARPOL Annex Ⅵ [R]. London: MEPC, 2022.

[4] Marine Environment Protection Committee. Resolution MEPC. 328(76)—Amendments to the annex of the protocol of 1997 to amend the international convention for the prevention of pollution from ships, 1973, as modified by the protocol of 1978 relating thereto (2021 Revised MARPOL Annex Ⅵ) [R]. London: MEPC, 2021.

[5] 胡琼,金明,徐杰,等. 我国三大主力船型实船 EEDI 指标水平分析[J]. 中国造船,2017,58(S1): 162-170.

[6] WSC. Phase 3 EEDI standards for containerships [R]. London:

MEPC, 2019.

[7] Marine Environment Protection Committee. Resolution MEPC. 364(79)—2022 guidelines on the method of calculation of the attained energy efficiency design index (EEDI) for new ships [R]. London: MEPC, 2022.

[8] Marine Environment Protection Committee. Resolution MEPC. 177(58)—Amendments to the technical code on control of emission of nitrogen oxides from marine diesel engines (NO_x Technical Code 2008) [R]. London: MEPC, 2008.

[9] Marine Environment Protection Committee. Resolution MEPC. 332(76)—Amendments to the 2018 guidelines on the method of calculation of the attained energy efficiency design index (EEDI) for new ships (Resolution MEPC. 308(73), as amended by Resolution MEPC. 322(74)) [R]. London: MEPC, 2021.

[10] Marine Environment Protection Committee. MEPC. 1/Circ. 796—Interim guidelines for the calculation of the coefficient f_w for decrease in ship speed in a representative sea condition for trial use[R]. London: MEPC, 2012.

[11] Marine Environment Protection Committee. Resolution MEPC. 309(73)—Amendments to the 2014 guidelines on survey and certification of the energy efficiency design index (EEDI) (Resolution MEPC. 254(67), as amended by Resolution MEPC. 261(68)) [R]. London: MEPC, 2018.

[12] 中国船级社. 船舶能效设计指数(EEDI)验证指南 指导性文件: GUIDANCE NOTES GD27-2020[S]. 北京:中国船级社,2020.

[13] International towing tank conference. ITTC Recommended procedures and guidelines 7. 5-04-01-01. 1 Preparation, conduct and analysis of speed/power trials[S]. 2021.

[14] International Organization for Standardization. Ship and marine technology—Guidelines for the assessment of speed and power performance by analysis of speed trial data[S]. 2015.

第 3 章　现有船舶能效指数(EEXI)

2019 年,日本在 MEPC 74/7/2 提案中,提出了对现有船舶引入强制性技术能效要求,建议采取与 EEDI 类似的逐步削减机制来提高现有营运船舶能效,以达到 2030 年碳排放强度下降 40%的目标。IMO 第 6 次温室气体会间会(ISWG-GHG6)上针对提升现有船舶能效的提案进行了讨论,其中,日本和挪威在 ISWG-GHG 6/2/3 提案中提出了现有船舶能效指数这一概念。2020 年,IMO 在 MEPC 第 75 届会议上批准了“关于强制实施目标型技术和营运措施以减少国际航运碳强度”的 MARPOL 公约附则Ⅵ的修正案,并纳入现有船舶能效指标,该指标适用于 400 总吨以上的船舶。在 2021 年的 MEPC 第 76 届会议上,IMO 正式通过了上述修正案,发布了正式的关于现有船舶能效的计算和验证技术要求,在后续的 MEPC 会议中,对船舶 EEXI 的计算和验证方法进行了多次修订。

3.1　MARPOL 公约附则Ⅵ框架下的 EEXI 要求

与 EEDI 的计算评估方法类似,针对现有船舶,需要计算其当前的 *attained EEXI*,以及需要达到的 *required EEXI*,并根据计算结果,判断该船舶是否满足 EEXI 能效要求。图 3-1 所示为 EEXI 的框架图。

现有船舶能效指数(Energy Efficiency Existing Ship Index,EEXI)适用于 400 总吨及以上的散货船、气体运输船、液货船、集装箱船、杂货船、冷藏货船、兼用船、LNG 运输船、滚装客船、滚装货船(车辆运输船)、滚装货船,以及具有非常规推进的豪华邮轮。

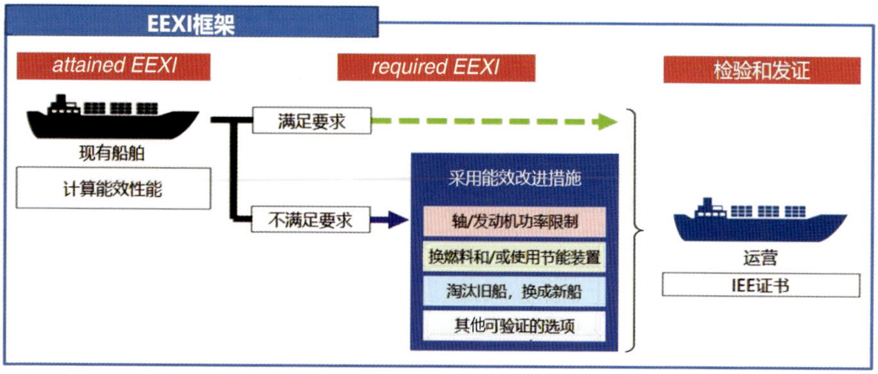

图 3-1　EEXI 框架图

根据 MARPOL 公约附则Ⅵ的第 23 条规定,需满足 EEXI 要求的现有船舶应在 2023 年 1 月 1 日之后的船舶首次年度检验、中间检验或换证检验(与国际防止空气污染 IAPP 证书时间协调,取早者)之前完成 EEXI 验证,以便在相应检验时换发 IEE 证书。适用于 EEXI 要求的重大改建船舶应在完成重大改建后,对船舶 EEXI 进行验证并换发 IEE 证书。

3.2　EEXI 计算方法

3.2.1　EEXI 计算公式及其含义

MEPC 第 78 届会议发布的 MEPC. 350(78)号决议[1]给出了最新 EEXI 的计算和评估方法。*attained EEXI* 的计算公式与 *attained EEDI* 的计算公式相同,仅个别参数的获取方法不同,根据船舶固有技术参数并考虑主机限制功率,对船舶 EEXI 进行评估。

attained EEXI 表达式如下(单位:g/t-n mile)

$$\Bigg(\left(\prod_{j=1}^{n} f_j\right)\left(\sum_{i=1}^{nME} P_{ME(i)} \cdot C_{FME(i)} \cdot SFC_{ME(i)}\right) + (P_{AE} \cdot C_{FAE} \cdot SFC_{AE}) +$$

$$\left(\left(\prod_{j=1}^{n} f_j \cdot \sum_{i=1}^{nPTI} P_{PTI(i)} - \sum_{i=1}^{neff} f_{eff(i)} \cdot P_{AEeff(i)}\right) C_{FAE} \cdot SFC_{AE}\right) -$$

$$\left(\sum_{i=1}^{neff} f_{eff(i)} \cdot P_{eff(i)} \cdot C_{FME} \cdot SFC_{ME}\right)\Bigg) \div$$

$(f_i \cdot f_c \cdot f_l \cdot capacity \cdot f_w \cdot V_{ref} \cdot f_m)$ (3.1)

需要特别指出的有以下几点。

(1)如果正常最大海况载荷(NMSL)的部分功率是由轴带发电机提供的,那么对该部分功率而言,可用 SFC_{ME} 和 C_{FME} 替代 SFC_{AE} 和 C_{FAE}。

(2)如果 $P_{PTI(i)}>0$,则使用($SFC_{ME} \cdot C_{FME}$)和($SFC_{AE} \cdot C_{FAE}$)的加权平均值计算 P_{eff}。

(3)该公式不适用于具有柴电推进、涡轮推进和混合推进系统的船舶(油轮和 LNG 运输船除外)。

(4)若属于 EEDI 要求范围内的船舶,按照《2018 年新船达到的能效设计指数(EEDI)计算方法导则(经 MEPC. 308(73)号决议修订)》[2](以下简写为“EEDI 计算导则”)计算得到的 *attained EEDI* 小于等于所要求的 *EEXI* 值,那么可以使用其 *attained EEDI* 作为 *attained EEXI*。

(5)除非另有规定,否则在利用公式(3.1)计算 *attained EEXI* 时,EEDI 计算指南中的参数适用。

(6)当 *attained EEXI* 的值不超过 *required EEXI* 时,则认为该船能够达到 EEXI 要求。

3.2.2 主机功率 P_{ME}

当存在轴功率或主机功率限制时,$P_{ME(i)}$ 取限制安装功率 MCR_{lim} 的 83% 或原始安装功率 MCR 的 75%两者之间的较低值。

对于设有蒸汽涡轮或柴油电力推进系统的 LNG 运输船,如为柴油电力推进系统,那么每台主机 i 的主机功率根据如下公式计算

$$P_{ME(i)} = 0.83 \times \frac{MPP_{Motor(i)}}{\eta_{(i)}} \tag{3.2}$$

式中 $MPP_{Motor(i)}$——电机认证文件中规定的额定输出功率;

$\eta_{(i)}$——发电机、变压器、变流器和电动机等电器效率的乘积,必要时可考虑加权平均。

对于 LNG 运输船,发动机或锅炉中为避免释放到大气或不必要的热氧化而燃烧过量的自然蒸发气体产生的功率,应经验证方批准从 $P_{ME(i)}$ 中扣除。

3.2.3 辅机功率 $P_{AE(i)}$

辅机功率 $P_{AE(i)}$ 的计算可参考“EEDI 计算导则”。针对某些船型而言,

例如客船,如果船舶以 V_{ref} 航速航行时计算所得的 P_{AE} 值与正常航海时所使用的总功率相差很大,则 P_{AE} 应根据电功率表中船舶以 V_{ref} 航速航行时所消耗的电功率(不包括推进功率)除以发电机(多台)加权平均效率予以估算。

根据 MEPC. 350(78) 号决议,若没有可用的电功率表,则 P_{AE} 的值可根据以下方式对该值进行近似获得:

(1)可以取 EEXI 认证前船上监测获得的 P_{AE} 均值;

(2)针对邮轮,可以根据 $P_{AE,app}=0.1193\times GT+1814.4$ 进行估算;

(3)针对滚装客船,可以根据 $P_{AE,app}=0.866\times GT^{0.732}$ 进行估算。

3.2.4　碳转换系数 C_F

碳转换系数是将燃油消耗量(单位:g)转换为 CO_2 排放量(单位:g)的无量纲转换系数。根据 MEPC. 350(78) 号决议,如果 NO_x 技术案卷中没有包含台架试验报告,也没有厂商验证认可的数值,可以将 C_F 估算为 3. 114,或者可以参考 EEDI 计算导则[2]中推荐的值,见表 3-1。

表 3-1　不同燃料对应的碳转换系数

燃料类型	参照等级	碳含量	C_F(t-CO_2/t-Fuel)
1. 柴油/汽油	ISO 8217 DMX 级- DMC 级	0. 874 4	3. 206
2. 轻燃料油(LFO)	ISO 8217 RMA 级- RMD 级	0. 859 4	3. 151
3. 重燃料油(HFO)	ISO 8217 RME 级- RMK 级	0. 849 3	3. 114
4. 液化石油气(LPG)	丙烷	0. 818 2	3. 000
	丁烷	0. 826 4	3. 030
5. 乙烷		0. 798 9	2. 927
6. 液化天然气(LNG)		0. 750 0	2. 750
7. 甲醇		0. 375 0	1. 375
8. 乙醇		0. 521 7	1. 913

3.2.5　船舶航速 V_{ref}

根据 MEPC. 350(78) 号决议,对于属于 EEDI 要求的船舶,V_{ref} 根据经修正的《2014 年能效设计指数(EEDI)检验和发证导则(经 MEPC. 254(67) 号决议修订)》[3]中定义批准的航速-功率曲线来确定。

对于不属于 EEDI 要求范围的船舶,按照如下规则计算。

第一,V_{ref} 根据 MEPC. 351(78)号决议《2022 年现有船舶达到的能效指数(EEXI)检验和发证指南》中定义的预报航速-功率曲线获得。

第二,如果该船舶的试航报告包括 EEDI 计算导则中规定的 EEDI 吃水和海况下的试航结果(可能已经过水池试验修正),其航速可以通过试航报告获得,根据如下公式计算

$$V_{ref}=V_{S,EEDI}\times\left(\frac{P_{ME}}{P_{S,EEDI}}\right)^{\frac{1}{3}} \tag{3.3}$$

式中 $V_{S,EEDI}$——EEDI 吃水下的试航速度,kn;

$P_{S,EEDI}$——在 $V_{S,EEDI}$ 航速下的主机功率,kW。

第三,如果该船舶为集装箱船、散货船或液货船,其试航报告包括 EEDI 计算导则中规定的设计吃水和海况下的试航结果(可能已经过水池试验修正),那么船舶航速可以根据如下公式计算

$$V_{ref}=k^{\frac{1}{3}}\times\left(\frac{DWT_{S,service}}{capacity}\right)^{\frac{2}{9}}\times V_{S,service}\times\left(\frac{P_{ME}}{P_{S,service}}\right)^{\frac{1}{3}} \tag{3.4}$$

式中 $V_{S,service}$——设计吃水下的试航速度,kn;

$P_{S,service}$——在 $V_{S,service}$ 航速下的主机功率,kW;

$DWT_{S,service}$——在设计吃水下的载重吨,t;

k——比例系数,其取值如下:

①对于 DWT 小于等于 120 000 的集装箱船,k 取 0.95;

②对于 DWT 大于 120 000 的集装箱船,k 取 0.93;

③对于 DWT 小于等于 200 000 的散货船,k 取 0.97;

④对于 DWT 大于 200 000 的散货船,k 取 1.00;

⑤对于 DWT 小于等于 100 000 的液货船,k 取 0.97;

⑥对于 DWT 大于 100 000 的液货船,k 取 1.00。

第四,如果该船舶不具有航速-功率曲线,且没有 EEDI 吃水下和设计吃水下的试航报告,那么该船舶参考航速可以参考 MEPC. 1/Circ. 901《营运船舶性能测量方法、程序和验证指南》[4]测定。

第五,若上述方法均不满足,则可以对参考航速进行估算。该估算公式由航速和发动机功率的统计均值分布获得。需要说明的是,当船舶安装了

轴/主机功率限制装置时,其作用体现在 $\sum P_{\mathrm{ME}}$ 上,航速仍依据下式估算

$$V_{\mathrm{ref,app}} = (V_{\mathrm{ref,avg}} - m_V) \times \left(\frac{\sum P_{\mathrm{ME}}}{0.75 \times MCR_{\mathrm{avg}}}\right)^{\frac{1}{3}} \tag{3.5}$$

针对柴电混合推进的 LNG 运输船和非常规推进的邮轮,可根据如下公式估算

$$V_{\mathrm{ref,app}} = (V_{\mathrm{ref,avg}} - m_V) \times \left(\frac{\sum MPP_{\mathrm{Motor}}}{MPP_{\mathrm{avg}}}\right)^{\frac{1}{3}} \tag{3.6}$$

当船舶安装了轴/主机功率限制装置时,柴电混合推进的 LNG 运输船和非常规推进的邮轮,可根据如下公式估算航速

$$V_{\mathrm{ref,app}} = (V_{\mathrm{ref,avg}} - m_V) \times \left(\frac{\sum MPP_{\mathrm{lim}}}{MPP_{\mathrm{avg}}}\right)^{\frac{1}{3}} \tag{3.7}$$

式中　$V_{\mathrm{ref,avg}}$——给定船型和船舶尺寸的航速分布的统计均值,$V_{\mathrm{ref,avg}} = A \times B^C$,$A$、$B$ 和 C 的取值见表 3-2;

m_V——船舶航速裕度,取 1 kn 和 5%$V_{\mathrm{ref,avg}}$ 中的较小值;

MCR_{avg}——船舶自主机功率的分布统计均值,$MCR_{\mathrm{avg}} = D \times E^F$,其中 D、E 和 F 的取值见表 3-3;

MPP_{avg}——给定船型和尺度的船舶的电机功率分布统计均值,$MPP_{\mathrm{avg}} = D \times E^F$,其中 D、E 和 F 的取值见表 3-3。

如果船舶安装了节能装置,经验证方认可后,可按照质量和技术标准,基于装置安装后的实船试航、营运船舶性能测量、带节能装置的模型试验、数值计算等方法,将节能装置的作用效果反映到航速 V_{ref} 上。

表 3-2　不同船舶类型的航速平均值计算参数

船舶类型	A	B	C
散货船	10.658 5	船舶载重吨	0.027 06
气体运输船	7.446 2	船舶载重吨	0.076 04
液货船	8.135 8	船舶载重吨	0.053 83
集装箱船	3.239 5	载重吨小于等于 80 000 t 时,按照船舶载重吨计算; 载重吨大于 80 000 t 时,按照 80 000 t 计算	0.182 94

表 3-2(续)

船舶类型	*A*	*B*	*C*
杂货船	2.453 8	船舶载重吨	0.188 32
冷藏货船	1.060 0	船舶载重吨	0.315 18
兼用船	8.139 1	船舶载重吨	0.053 78
LNG 运输船	11.053 6	船舶载重吨	0.050 30
滚装货船(车辆运载船)	16.677 3	船舶载重吨	0.018 02
滚装货船	8.079 3	船舶载重吨	0.091 23
滚装客船	4.114 0	船舶载重吨	0.198 63
具有非传统推进系统的豪华邮轮	5.124 0	船舶总吨位	0.127 14

表 3-3　不同船舶类型的主机功率平均值计算参数

船舶类型	*D*	*E*	*F*
散货船	23.751 0	船舶载重吨	0.540 87
气体运输船	21.470 4	船舶载重吨	0.595 22
液货船	22.841 5	船舶载重吨	0.558 26
集装箱船	0.504 2	载重吨小于等于 80 000 t 时,按照船舶载重吨计算; 载重吨大于 80 000 t 时,按照 80 000 t 计算	1.030 46
杂货船	0.881 6	船舶载重吨	0.920 50
冷藏货船	0.027 2	船舶载重吨	1.386 34
兼用船	22.853 6	船舶载重吨	0.558 2
LNG 运输船	20.709 6	船舶载重吨	0.634 77
滚装货船(车辆运载船)	262.769 3	船舶载重吨	0.399 73
滚装船	37.770 8	船舶载重吨	0.634 50
滚装客船	9.133 8	船舶载重吨	0.911 16
具有非传统推进系统的豪华邮轮	1.355 0	船舶总吨位	0.886 64

3.2.6　燃油消耗率 SFC

根据 MEPC. 350(78)号决议,对于安装可越控轴发动机功率限制系统的船舶,应当使用 NO_x 技术规则定义的经批准的主机 NO_x 技术文件中包含的适用试验报告中列出的 SFC,内插计算 P_{ME} 相对应的 SFC。

尽管有上述规定,SFC 也可以用由制造商规定或验证方认可的 SFC。

如果上述两者都没有,也可以用 SFC_{app} 估算值,即 $SFC_{ME,app}=190(g/kWh)$,$SFC_{AE,app}=215(g/kWh)$。

3.2.7　修正系数

(1)滚装船特定设计修正系数 f_{jRORO}。

根据 MEPC. 350(78)号决议,对于滚装货船和滚装客船,根据如下公式计算 f_{jRORO}

$$f_{jRORO}=\frac{1}{F_{n_L}^{\alpha}\cdot\left(\frac{L_{pp}}{B_s}\right)^{\beta}\cdot\left(\frac{B_s}{d_s}\right)^{\gamma}\cdot\left(\frac{L_{pp}}{\nabla^{\frac{1}{3}}}\right)^{\delta}};\quad 如果\ f_{jRORO}>1,则\ f_j=1 \quad (3.8)$$

式中,傅汝德数 F_{n_L} 定义为

$$F_{n_L}=\frac{0.5144\cdot V_{ref,F}}{\sqrt{L_{pp}\cdot g}}$$

$V_{ref,F}$ 为 $75\%MCR_{ME}$ 时的设计航速,其余参数取值见表 3-4。

表 3-4　滚装船修正系数的计算参数取值

船舶类型	α	β	γ	δ
滚装货船	2.00	0.50	0.75	1.00
滚装客船	2.50	0.75	0.75	1.00

(2)车辆运输船总容积修正系数 $f_{cVEHICLE}$。

MEPC. 350(78)号决议中针对车辆运输船的总容积修正系数有如下规定:当 DWT/GT 的值小于 0.35 时,其总容积修正系数应当为

$$f_{cVEHICLE}=\left(\frac{DWT/GT}{0.35}\right)^{-0.8} \quad (3.9)$$

3.2.8 *required EEXI* 相对于 EEDI 基线的折减系数

根据 MEPC. 328(76)[5] 号决议，*required EEXI* 可以根据如下公式计算，其取值见表 3-5。

$$required\ EEXI=\left(1-\frac{y}{100}\right)\times EEDI\ referenceLineValue \tag{3.10}$$

表 3-5 不同船型 *required EEXI* 相比于 EEDI 基线折减系数

船型	规格	折减系数 y
散货船	20 0000 *DWT* 及以上	15
	20 000~200 000 *DWT*	20
	10 000~20 000 *DWT*	0~20*
气体运输船	15 000 *DWT* 及以上	30
	10 000~15 000 *DWT*	20
	2 000~10 000 *DWT*	0~20*
液货船	200 000 *DWT* 及以上	15
	20 000~200 000 *DWT*	20
	4 000~20 000 *DWT*	0~20*
集装箱船	200 000 *DWT* 以上	50
	120 000~200 000 *DWT*	45
	80 000~120 000 *DWT*	35
	40 000~80 000 *DWT*	30
	15 000~40 000 *DWT*	20
	10 000~15 000 *DWT*	0~20*
杂货船	15 000 *DWT* 及以上	30
	3 000~15 000 *DWT*	0~30*
冷藏货船	5 000 *DWT* 及以上	15
	3 000~5 000 *DWT*	0~15*
兼用船	20 000 *DWT* 及以上	20
	4 000~20 000 *DWT*	0~20*
LNG 运输船	10 000 *DWT* 及以上	30

表 3-5(续)

船型	规格	折减系数 y
滚装客船(车辆运输船)	10 000 *DWT* 及以上	15
滚装货船	2 000 *DWT* 及以上	5
	1 000~2 000 *DWT*	0~5*
滚装客船	1 000 *DWT* 及以上	5
	250~1 000 *DWT*	0~5*
具有非传统推进系统的豪华邮轮	85 000 *GT* 及以上	30
	25 000~85 000 *GT*	0~30*

注：* 表示处于该规格范围内的船舶，其折减系数在最小值和最大值之间进行线性插值计算。较小规格的船舶对应着折减系数中的较小值。

3.3　EEXI 检验和发证方法

MEPC 第 78 届会议以 MEPC. 351(78)号决议发布了《2022 年现有船舶达到的能效指数(EEXI)检验和发证导则》(以下简写为“EEXI 检验和发证导则”)[6]，给出了最新的 EEXI 检验和发证技术要求。

3.3.1　一般要求

根据 MEPC351. (78)号决议，除非船舶的 *attained EEDI* 满足 *required EEXI*，否则对于 *attained EEXI* 的验证，应向验证方提交检验申请、包含验证所需信息的 EEXI 技术案卷以及其他相关背景文件。该决议对 *attained EEXI* 的验证方法提出了如下要求，EEXI 技术案卷应至少使用英语写成，且应至少包括但不限于以下几点：

(1)船舶载重吨(*DWT*)或客滚船和具有非常规推进系统的豪华邮轮的总吨(*GT*)；

(2)主机和辅机的额定装机功率(*MCR*)；

(3)安装可越控轴/发动机功率限制系统后的限制功率(MCR_{lim})；

(4)航速(V_{ref})；

(5)EEDI 生效前船舶的参考航速($V_{ref,app}$)(如适用);

(6)经批准的 EEDI 技术案卷中给出的 EEDI 工况下的航速-功率曲线(如有);

(7)从水池试验和/或数值计算中获得的 EEDI 工况下或不同载重吃水修正到 EEDI 工况下的航速-功率估算曲线(如有);

(8)必要的航速-功率曲线估算过程和方法,包括与所规定的质量标准(如最新修订的 ITTC 7.5-03-01-02 和 ITTC 7.5-03-01-04)一致的证明文件,以及采用数值计算时,对母型船数值设置或对可对比船舶参考设置的验证;

(9)试航报告,包括 EEDI 计算导则中规定的海况下的试航结果(该试航结果可能经水池试验修正)(如有);

(10)营运船舶性能测试报告(如有);

(11)EEDI 生效前船舶的 $V_{ref,app}$ 的计算过程(如适用);

(12)燃料类型;

(13)主机和辅机的单位燃油消耗率(SFC);

(14)特定船型的电力负荷表(如适用);

(15)在船舶 EEXI 验证检验申请之日以前获得的、海上辅机负荷年度平均值的文件记录(如适用);

(16)$P_{AE,app}$ 的计算过程(如适用);

(17)主尺度,船型和将船舶归入该船型的相关信息,船级标志及船上推进系统和电力供应系统的总体情况;

(18)节能设备的描述(如有);

(19)*attained EEXI* 的计算值,包括计算概述(应至少包括用于确定 *attained EEXI* 的每个计算参数值和计算过程);

(20)对于 LNG 运输船,还需包括以下内容:

①推进系统的类型和概况(如柴油机直接推进系统、柴油电力推进系统、蒸汽轮机推进系统);

②LNG 液货舱容积(以 m^3 计)和 EEDI 计算导则第 2.2.5.6.3 节所定义的蒸发率 BOR;

③发动机在 100%额定输出功率(MPP_{motor})时,传动齿轮后螺旋桨轴的轴功率和柴油电力推进的电效率($\eta_{(i)}$);

④在安装了可越控轴/发动机功率限制系统的情况下,发动机处于限制

功率($MPP_{motor,lim}$)时传动齿轮后螺旋桨轴的轴功率;

⑤蒸汽轮机的最大持续额定功率($MCR_{SteamTurbine}$);

⑥安装了可越控轴/发动机功率限制系统后,蒸汽轮机的限制功率($MCR_{SteamTurbine,lim}$);

⑦EEDI 计算导则第 2.2.7.2 节中规定的蒸汽轮机的 $SFC_{SteamTurbine}$。如果制造商不能提供计算,$SFC_{SteamTurbine}$ 可由验证申请方计算。

attained EEXI 关于主辅机检验的验证要求有如下几点。

(1)应使用燃油的标准低热值将 *SFC* 修正至 ISO 标准基准条件对应的值,参见 ISO 15550:2002 和 ISO 3046-1:2002。为了确认 *SFC*,应向验证方提交一份经批准的 NO_x 技术案卷副本和修正计算概述文件。

(2)如果船上安装了使用液化天然气和燃油的双燃料发动机,气体(液化天然气)的 C_F 系数和气体燃料的单位燃料消耗量(*SFC*)的使用应根据 MEPC.254(67)号决议《2014 年 EEDI 检验和发证导则》的规定进行。

(3)对安装了可越控轴/发动机功率限制系统的发动机,或者如果发动机的 NO_x 技术案卷中不含试验报告,*SFC* 应当按照 *attained EEXI* 的计算要求来进行计算。

(4)验证方可要求提交方提供除 EEXI 技术案卷中包含的信息外的必要的附加信息,见 EEDI 检验和发证导则第 4.2.7 节中的规定,以检查 *attained EEXI* 的计算过程。

(5)如果提交了规定的试航报告,验证申请方应提供信息来确认以下几点:

①按照 EEDI 检验和发证导则第 4.3.3 节、4.3.4 节和 4.3.7 节中规定的工况(如适用)进行了试航;

②按照 ISO 15016:2002 或验证方满意并接受的等效方法对海况进行了测量;

③按照 ISO 15016:2002 或验证方满意并接受的等效方法对航速进行了测量;

④按照 ISO 15016:2002 或可接受的等效方法(前提是该方法的概念对验证方是透明的且可以公开提供/获得),考虑风、流、波浪、浅水和排水量的影响对所测得的航速进行修正(如必要)。

(6)如果提交了营运船舶性能测试报告,那么应当按照 MEPC.1/Circ.901 中提到的要求进行确认。

(7)应按 EEDI 检验和发证导则规定的质量标准(如最新修订的 ITTC 7.5-03-01-02 和 ITTC 7.5-03-01-04)和对母型船数值设置或对可对比船舶参考设置的验证,基于相关文件,对从水池试验和/或数值计算和/或经水池试验修正的试航结果中获得的估算的航速-功率曲线进行检查。

(8)如果安装了可越控轴/发动机功率限制系统,该系统应按 MEPC.335(76)号决议《2021 年为满足 EEXI 要求采用的轴/发动机功率限制系统及其储备功率使用导则》[7]正确安装和铅封,且船上应备有经验证的可越控轴/发动机功率限制系统船上管理手册(OMM)。

(9)对船舶采用轴/发动机功率限制系统但 NO_x 关键设置和/或部件的改变超出批准的主机 NO_x 技术案卷的情况,主机应重新认证。

(10)如果船舶采用电力负荷表计算辅机功率,则该表格应根据 EEDI 检验和发证导则进行单独验证。

3.3.2 重大改建后的 *attained EEXI* 验证要求

如果船舶在 MARPOL 公约附则Ⅵ第 5.4.7 条规定的 EEXI 验证检验完成之日或以后进行重大改建,申请方应将总体或部分检验申请连同基于所作改建而适当修订的 EEXI 技术案卷和其他相关背景文件提交给验证方。其背景文件应至少包括但不限于:

(1)改建的详细信息;

(2)改建后改变的 EEXI 参数和每一相关参数的技术依据;

(3)EEXI 技术案卷中所作的其他改变的理由(如有)以及 *attained EEXI* 的计算值和计算概述应至少包括用于确定改建后的 *attained EEXI* 的每个计算参数值和计算过程。

经修订的 EEXI 技术案卷和提交的其他文件以及 *attained EEXI* 的计算过程应经验证方审查和验证,以确保其在技术上是可靠的和合理的且符合要求。对于重大改建后 *attained EEXI* 的验证,必要时需进行船舶试航测试。

3.4　为满足 EEXI 要求采用的轴/发动机功率限制系统及其储备功率使用导则

MEPC.335(76)号决议[7]针对 EEXI 提出了轴/发动机功率限制系统及其储备功率的使用要求，主要包括 SHaPoLi/EPL 系统技术要求、通过取消轴/发动机功率限制使用储备功率、SHaPoLi/EPL 船上管理手册(OMM)，以及 SHaPoLi/EPL 系统符合证明等。

轴功率是指由螺旋桨轴传递至螺旋桨桨毂的机械功率。该功率由轴扭矩和轴转速产生。对于多螺旋桨轴，其轴功率是指传递至所有螺旋桨轴的功率总和。发动机功率是指由发动机传递至螺旋桨轴的机械功率。对于多台发动机，发动机功率是指由这些发动机传递至螺旋桨轴的功率总和。

可越控轴功率限制(SHaPoLi)系统是指一种经验证和批准的，通过技术手段限制最大轴功率的系统。可越控的发动机功率限制(EPL)系统是指一种经验证和批准的，通过技术手段限制发动机最大功率的系统。上述两种限制仅能由船长或负责航行值班的高级船员(OICNW)为确保船舶安全或救护海上人命时予以越控。

储备功率是指超出限制功率值部分的轴/发动机功率，此部分功率在正常操作时不能使用，为确保船舶安全而取消 SHaPoLi/EPL 限制时除外。

3.4.1　SHaPoLi/EPL 系统技术要求

SHaPoLi/EPL 系统应包括下列主要布置。

(1)SHaPoLi 系统包括：

①用于测量传递至船舶螺旋桨的扭矩和转速的传感器，包括信号放大器和模拟/数字(A/D)转换器；

②用于跟踪和计算的数据记录和处理装置；

③用于计算和限制由轴传递至螺旋桨的功率的控制单元。

(2)EPL 系统包括：

①对于机械控制发动机，使用金属丝密封的机械止动螺钉或其他具有调速器限位功能的等效装置作为物理锁定燃油供油量的铅封装置，使得船

员无法在未取得船长或高效船员许可的情况下释放 EPL；

②对于电子控制发动机，能够实现电子锁定燃油供油量的限制装置，或在发动机控制系统中直接限制功率从而使船员无法在未经船长或高效船员允许的情况下释放 EPL。

如果在技术上可行，应在驾驶室控制 SHaPoLi/EPL 系统，且不用要求船上人员到达机器处所。

SHaPoLi/EPL 系统应为非永久型，但应需要船长或高效船员特意采取行动才可使用船舶的未限制的轴/发动机功率（储备功率）。对于使用密码/PIN 码控制储备功率越控的系统，应注意确保在需要越控时密码/PIN 码随时可用。

对于电子控制发动机的 SHaPoLi/EPL 系统，控制单元应在船舶的轴/发动机功率超过 SHaPoLi/EPL 船上管理手册中限定的轴/发动机功率或发生任何系统故障时，清楚、明显地通知船长或高效船员。

对于机械控制的发动机的 EPL，密封装置应满足以下要求。

①当船舶发动机功率超过 EPL 船上管理手册中限定的发动机功率或发生任何系统故障时，清楚地显示铅封被移除；

②配备其他经主管机关或主管机关授权的组织（RO）验证的系统，诸如监测报警系统，其可在船舶发动机功率超过 EPL 船上管理手册中限定的发动机功率时或在发生任何系统故障时进行显示，并记录未限制模式的使用。

SHaPoLi/EPL 系统（或其每个子系统）应为防篡改型。

电子控制发动机的 SHaPoLi/EPL 系统应在操作期间显示下列数据：

①对于 SHaPoLi 系统，应在未限制模式中不断地记录轴的转速、轴扭矩和轴功率（及在多根轴布置情况下的总轴功率）；

②对于 EPL 系统，燃油供油量密封系统或功率限制系统可以显示和记录未限制模式的使用情况。

3.4.2 通过取消轴/发动机功率限制使用储备功率

仅允许在符合 MARPOL 公约附则Ⅵ第 3.1 条要求的为保障船舶安全或救护海上人命（例如在恶劣天气和冰区航行、参与搜救、躲避海盗和发动机维护）时才可使用储备功率。在使用储备功率时不应对螺旋桨、轴和相关系统产生不利影响。出于安全的目的，船长和高级船员可以不受限制地判断是否需要越控 SHaPoLi/EPL 系统,这点非常重要。这个权限应视情况在船上管理手册和/或安全管理手册中清楚地写明。

任何对储备功率的使用都应记录在 SHaPoLi /EPL 船上管理手册的记录页上,由船长签字并保留在船上。该记录应包括以下几条:

①船型;

②IMO 编号;

③船舶载重吨和/或总吨(如适用);

④船舶限制的轴/发动机功率和船舶未限制的最大轴/发动机功率;

⑤使用储备功率时船舶的位置和时间标记;

⑥使用储备功率的原因;

⑦在恶劣天气条件下使用储备功率时的蒲氏风级、波高或冰情;

⑧因避让行动使用储备功率的支撑证据(例如预期天气条件);

⑨使用储备功率时来自 SHaPoLi/EPL 系统的记录(适用于电子控制发动机);

⑩功率限制被重启或重置时船舶的位置和时间标记。

如果已经越控 SHaPoLi/EPL 系统,但后续未使用储备功率,这一事件应在航行和机舱日志中予以记录。机舱日志中应记录在越控期间使用的功率。应尽快重置 SHaPoLi/EPL 系统,重置的详情也应记录在航行和机舱日志中。

如已使用储备功率,船舶应毫不迟延地将上述记录的信息通知其负责签发相关证书的主管机关或经主管机关授权的组织和相关目的港的主管当局。主管机关应每年根据上述记录的信息向 IMO 报告储备功率使用情况。

风险一旦降低,船舶应以低于 SHaPoLi/EPL 系统核准的发动机功率运行。在风险已经解除且船舶能以限制的轴/发动机功率安全操作后,船员应立即重启或重置 SHaPoLi/EPL 系统。重启或重置 SHaPoLi/EPL 系统的支持性证据(例如发动机功率记录、重置机械铅封现场的照片)应尽早提供给主管机关或 RO 确认(例如确认机械铅封)。

根据 MAPROL 公约附则Ⅵ第 5.6 条, SHaPoLi/EPL 系统出现的任何缺陷应向负责签发相关证书的主管机关或经主管机关授权的组织报告。

港口国控制官员应检查是否按照 IEE 证书和船上管理手册所述正确安装和使用 SHaPoLi/EPL 系统。如发现已对 SHaPoLi/EPL 系统进行越控而未按照要求进行通知,应在该港口并在主管机关或主管机关授权的组织在场的情况下立即重启或重置 SHaPoLi/EPL 系统。

3.4.3 SHaPoLi/EPL 船上管理手册

SHaPoLi/EPL 系统应配备 SHaPoLi/EPL 船上管理手册,该手册应永久保留在船上以备检查。

SHaPoLi/EPL 船上管理手册应经主管机关或经主管机关授权的组织在根据 MARPOL 公约附则Ⅵ第 5.4 条进行检验以验证船舶 *attained EEXI* 之后予以验证。

(1)SHaPoLi 船上管理手册应至少包含以下内容:

①主系统和相关辅助系统的技术描述;

②制造商提供的系统关键部件的识别号、型号/类型、序列号和其他必要的细节信息;

③系统符合以上技术描述和信息的验证程序;

④该装置设计的最大轴功率;

⑤传感器制造商提供的传感器运行、维护和校准的要求以及如何监测校准间隔的适当性的描述(如适用);

⑥记录系统运行、维护和校准的 SHaPoLi 系统记录簿;

⑦对如何限制和取消限制轴功率以及控制单元如何按要求进行显示的描述;

⑧对控制器如何限制功率传递至螺旋桨轴的描述;

⑨职责的确定;

⑩按照要求对储备功率的使用和发现系统故障进行通报的程序;

⑪取消 SHaPoLi 系统所需时间;

⑫主管机关/经主管机关授权的组织检验 SHaPoLi 系统的程序。

(2)EPL 船上管理手册至少应包含以下内容:

①发动机额定装机功率(MCR)或电动机额定输出功率(MPP)和发动机转速(N_{MCR});

②发动机限制功率(MCR_{lim})或电动机限制输出功率(MPP_{lim})和发动机限制转速($N_{\mathrm{MCR,lim}}$);

③EPL 系统技术描述;

④EPL 系统功率限制铅封方法(机械控制发动机);

⑤锁定和监测 EPL 系统的方法(电子控制发动机);

⑥释放 EPL 系统的程序和方法;

⑦取消 EPL 系统所需时间;

⑧主管机关/经主管机关授权的组织检验 EPL 系统的程序;

⑨释放 EPL 系统时的报告程序;

⑩EPL 系统管理员。

3.4.4 SHaPoLi/EPL 系统的符合验证

按照 MARPOL 公约附则Ⅵ第 23 条要求进行 EEXI 验证的船舶,应按照 MARPOL 公约附则Ⅵ第 5.4 条规定的检验程序对 SHaPoLi/EPL 系统的符合性进行验证。检验应针对下列各项对系统进行验证和确认:

①验证系统符合 SHaPoLi/EPL 船上管理手册;

②验证系统符合规定;

③验证 SHaPoLi/EPL 船上管理手册符合规定。

当船舶应用了 SHaPoLi/EPL 系统且 2008 年 NO_x 技术规则(NTC2008)中定义的发动机技术案卷所允许的 NO_x 关键设置和/或部件[①]外部没有发生改变,则无须对发动机重新认证。

当船舶应用了 SHaPoLi/EPL 系统且对 NO_x 关键设置和/或部件的改变超出了 2008 年 NO_x 技术规则(NTC2008)中定义的发动机技术案卷所允许的范围,则需对发动机重新认证。在这种情况下,一艘经 EEDI 认证的船舶如应用 SHaPoLi/EPL 系统且限制功率低于 MARPOL 公约附则Ⅵ第 24.5 条要求的功率(最小功率要求),经认证的发动机功率应满足最小功率要求。

3.5 EEXI 规则实施的影响分析及应对措施

EEXI 规则要求所有 400 总吨及以上的现有船舶(限于 EEDI 适用的船

①NO_x 关键设置和部件列于 NO_x 技术案卷的“影响发动机 NO_x 排放的部件、设置和操作值”一节中。

舶种类),于2023年的第一个年度检验、中间检验或换证检验时(与IAPP证书时间协调,以最早发生者为准),其EEXI必须达到IMO规定的要求,否则将无法从事国际海运航行。这一规定的执行,推动了航运业的脱碳转型,EEXI各项条款给船东和船舶营运公司带来了巨大的挑战。EEXI相关规则一经生效,或将在短期内拉动船舶绿色改装业务量的提升以及船舶环保配套设备市场的需求提高,同时将有望推动绿色船舶基础设施建设项目的增加与投资的提高。

针对EEXI规则的实施,目前业界主要有以下几种应对措施:

(1)采用轴/发动机功率限制系统,限制船机功率;

(2)加装节能设备,如桨前/桨后水动力节能装置、风力助推装置、气层减阻系统等,以达到节约能源,减少排放的目的;

(3)使用低碳/零碳等替代燃料,如LNG、LPG、甲烷、甲醇、乙醇、液氢、液氨等,降低碳排放;

(4)旧船换新船。

3.5.1 限制船机功率

欧洲造船工业协会从技术成熟度、船舶改装难度、减排技术潜力三个维度,评估了现有船舶减排技术的发展水平。其中,限制船机功率被认为是集较强减排潜力、较高技术成熟度、较易船舶改装难度等三个优点于一身的短期减排举措。限制船机功率可以采用可越控的EPL/ShaPoLi系统实施,在紧急情况下,可以解除功率限制。但实际上,限制船机功率将不可避免地造成船舶航速下降,该措施在实际操作层面存在一定争议。首先,相同航程下,航期将会延长,造成船东保险及其他费用的增加;其次,在不利海况下航行时安全风险将会提升;第三,将会造成航运不便利,小岛屿国家、最不发达国家、偏远国家的航运利益可能会受到影响。

3.5.2 加装节能设备

加装节能设备也是目前市场应对EEXI规则实施的关键措施,包括加装水动力节能设备与创新节能设备来改善船舶水动力性能、辅助推进或润滑减阻等方式,在保证船舶航速的情况下,降低船舶的*attained EEXI*。

IMO在MEPC第77届会议上以通函MEPC.1/Circ.896发布了《2021年

用于计算和验证达到的 EEDI 和 EEXI 的创新型能效技术处理指南》[8]。该文件按照创新能效技术的各自特点,将其分为 A、B、C 三个大类,其中 B 类和 C 类节能技术又分别细分成了 B-1、B-2 和 C-1、C-2 两个子类,见表 3-6。创新节能技术分类及其在 EEDI 公式中的作用如图 3-2 所示。

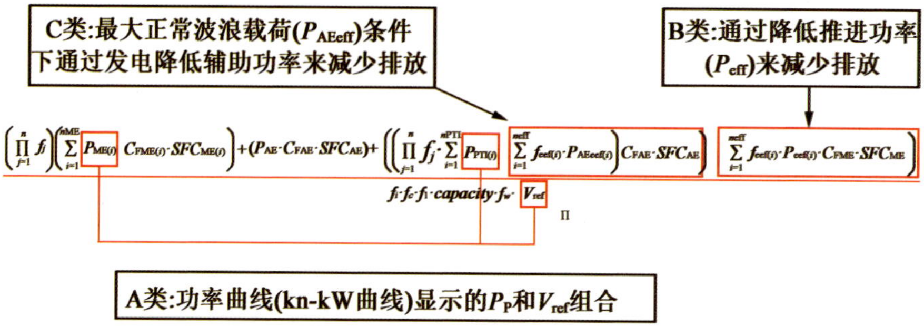

图 3-2　创新节能技术分类及其在 EEDI 公式中的作用

表 3-6　创新节能技术分类

节能效果	通过降低主机功率来节能减排			通过降低辅机功率来节能减排	
类别	A 类	B-1 类	B-2 类	C-1 类	C-2 类
技术特点	无法从船舶总体性能中分开	可与船舶总体性能分开处理		在任何时间都有效	取决于外界环境
		$f_{eff}=1$	$f_{eff}<1$	$f_{eff}=1$	$f_{eff}<1$
典型代表	低摩擦涂层;船体优化;高效舵;螺旋桨设计	船体空气润滑系统(通过喷射空气形成气泡以减少船舶阻力)(可以关闭)	风力助推(风帆、风筝、转子等)	废热回收系统(回收废气热量并转换为电功率)	光伏电池

各类节能技术的定义如下。

(1)A 类创新能效技术。

A 类创新能效技术指能够改变航速-功率曲线(即航速 V_{ref} 不变时能够减小推进功率 P_P,或推进功率 P_P 不变时能够提高航速 V_{ref}),但又不能单独核算的创新能效技术。A 类创新能效技术的主要代表有船型优化,以及加装桨前节能导轮、消涡鳍、舵球、高效桨等水动力节能装置。此类技术无法独立测量节能效果,只能从船舶整体性能中进行评估。

针对现有船舶,船型优化的工程实施难度较高,因此,在实际的工程实施过程中,往往采用加装其他水动力节能装置的方式。在目标船的桨前加装导管类或定子类节能装置,以改善螺旋桨进流条件并提高螺旋桨推进效率,如伴流补偿导管、前置预旋定子、前置预旋导轮等。由于螺旋桨后方存在尾流能量损失,可通过加装桨后节能装置回收利用尾流能量来达到节能的目的,如采用桨毂消涡鳍或舵球来回收螺旋桨毂涡能量损失。

(2)B 类创新能效技术。

B 类创新能效技术指在恒定船速 V_{ref} 下能够降低推进功率 P_P,但又不产生电力的创新能效技术。其节省的能量用 P_{eff} 表示。B 类创新能效技术又分为以下两个子类。

①B-1 类。B-1 类指在航行的任意时刻都能起到节能效果的 B 类技术。该类技术的可用系数 f_{eff} 应取为 1.0。其典型代表为气体润滑减阻技术和涂层减阻技术。

船体表面气体润滑减阻技术的原理是利用水与气体的密度、黏度的差别,在运动船舶与水相接触的船体外表面和水之间,注入空气或主机废气,形成一层均匀稳定的气液两相混合流,通过船舶实际浸湿面积的减少以及混合流密度、黏度、流动模式的改变,减少运动船舶的总阻力。

涂层减阻技术依靠降低船体表面粗糙度或改变壁面的表面性能(如疏水性和疏油性),使得物体壁面与液体介质间亲和性减弱,直接减小流体在壁面上的切变应力,增大层流附面层的厚度,使层流向湍流过渡的转捩点后移,降低摩擦阻力,从而达到减阻的目的。

②B-2 类。B-2 类指只有在限制条件下才能完全发挥出节能效果的 B 类技术。该类技术的可用系数 f_{eff} 取值必须小于 1.0。

利用风力助推技术的节能装置即为此类装置。风能是一种重要的清洁能源,具有资源丰富、可再生、无污染等特点。因此,风能一直以来都作为助推节能设备的重要动力与能量来源。但是在风能助推设备开发的初期,受到低油价的影响,风力节能并不能带来可观的经济效益。近年来,随着油价上涨和环境保护的形势日益严峻,风能助推在海洋运输业中又重新获得了生机。利用风力助推辅助船舶航行,逐步成为一种理想的船舶节能减排措施。目前应用于船舶节能的风力助推装置主要包括风帆助推装置、转子助推装置,以及风筝助推装置。

(3)C 类创新能效技术。

C 类创新能效技术指能够产生电力的创新能效技术,其节省的能量用 P_{AEeff} 表示。C 类能效技术又分为以下两个子类。

①C-1 类。C-1 类指在航行的任意时刻都能起到节能效果的 C 类技术。该类技术的可用系数 f_{eff} 应取为 1.0。其典型代表为能将废气热量回收并转换为电力的余热回收系统。

②C-2 类。C-2 指只有在限制条件下才能完全发挥出节能效果的 C 类技术。该类技术的可用系数 f_{eff} 取值必须小于 1.0。其典型代表为光伏电池。

3.5.3　使用替代燃料

替代燃料是航运业实现 IMO 船舶温室气体减排战略目标的重要措施,也是降低船舶 NO_x 和 SO_x 排放的途径之一。对于船舶替代燃料的应用,其过程是具有挑战性的,可以通过氨、甲醇等燃料逐步实现替代燃料的过渡,其过程需要利益相关方的共同努力。目前,船用替代燃料主要有 LNG、甲烷、甲醇、氢、氨、生物柴油等,在本书 5.4.1 节中,对相应的替代燃料进行了阐述,此处不多作说明。

3.5.4　旧船换新船

若限制船机功率加装节能设备均无法满足 EEXI 要求,那么这类船舶就会面临着失去国际能效证书的风险,可以选择拆解等方式进行处理。

参考文献

[1] Marine Environment Protection Committee. Resolution MEPC. 350(78)—2022 Guidelnes on the method of calculation of the attained energy efficiency existing ship indcx(EEXI)[R]. London: MEPC, 2022.

[2] Marine Environment Protection Committee. Resolution MEPC. 308(73)—2018 Guidelines on the method of calculation of the attainde energy effi-

ciency design index (EEDI) for new whips[R]. London: MEPC, 2018.

[3] Marine Environment Protection Committee. Resolution MEPC. 254(67)—2014 Guidelines on survey and certific ation of the energy efficiency design index(EEDI)[R]. London: MEPC, 2014.

[4] Marine Environment Protection Committee. MEPC. 1/Circ. 901—Guidance on methods, procedures and verification of in-service performance measurements[R]. London: MEPC, 2022.

[5] Marine Environment Protection Committee. Resolution MEPC. 328(76)—Amendments to the annex of the protocol of 1997 to amend the international convention for the prevention of pollution from ships, 1973, as modified by the protocol of 1978 relating thereto (2021 Revised MARPOL Annex Ⅵ) [R]. London: MEPC, 2021.

[6] Marine Environment Protection Committee. Resolution MEPC. 351(78)—2022 Guidelines on survey and certification of the attained energy efficiency existing ship index(EEXI)[R]. London: MEPC, 2022.

[7] Marine Environment Protection Committee. Resolution MEPC. 335(76)—2021 Guidelines on the shaft/engine power limitation system to comply with the eexi requirements and use of a power reserve[R]. London: MEPC, 2021.

[8] Marine Environment Protection Committee. MEPC. 1/Circ. 896—2021 Guidance on treatment of innovative efficiency technologies for calculation and veridication of the attained EEDI and EEXI [R]. London: MEPC, 2021.

第4章　船舶营运碳强度指标(CII)

2021年6月,IMO召开了MEPC第76届会议,修订了MARPOL公约附则Ⅵ,引入船舶营运碳强度指标(CII),用于衡量船舶单位运输工作量产生的CO_2平均排放量,并以*attained CII*和*required CII*来衡量船舶的营运碳强度。从2023年开始,对于5 000总吨及以上适用的国际航行船舶,每年将根据船舶的*attained CII*与*required CII*的对比结果对其进行评级。对于评级较差的船舶,将可能影响其获得碳强度指标的符合声明,会给其正常营运带来诸多不利影响。为了保证船舶营运碳强度指标机制的顺利实施,该届会议还发布了4个技术导则,分别为《2021年营运碳强度指标及其计算方法导则》(G1导则)[1]、《2021年用于营运碳强度指标的基线导则》(G2导则)[2]、《2021年相对于基线的营运碳强度指标折减系数导则》(G3导则)[3]、《2021年船舶营运碳强度指标分级导则》(G4导则)[4]。通过4个导则的联合使用,可以对每一适用的船舶进行CII的计算和评级。在2022年6月召开的MEPC第78届会议上,IMO对G1导则、G2导则和G4导则进行了修订,形成了《2022年营运碳强度指标及其计算方法导则》(G1导则)[5]、《2022年用于营运碳强度指标的基线导则》(G2导则)[6]、《2022年船舶营运碳强度指标分级导则》(G4导则)[7],同时,新发布了《2022年用于CII计算的修正系数和航程调整临时导则》(G5导则)[8]。

4.1　营运碳强度指标及其计算方法

MEPC第78届会议(2022年6月)以第MEPC.352(78)号决议发布了《2022年营运碳强度指标及其计算方法导则》(G1导则)[5],其中给出了最新的*attained CII*的计算公式及其参数含义的解释。

在 G1 导则中，IMO 对营运船舶 CII 的计算方法做出以下规定：*attained CII* 值为船舶在一个日历年排放的二氧化碳总质量与其总运输功之比，即

$$attained\ CII = M/W \tag{4.1}$$

式(4.1)中 M 为船舶在一个日历年排放的二氧化碳总质量(单位为 g)，可表示为

$$M = \sum FC_j \times C_{Fj} \tag{4.2}$$

式中　j——燃油类型；

FC_j——IMO 数据收集系统公布的该船舶在一个日历年消耗燃油 j 的总质量，g；

C_{Fj}——燃油 j 的碳转换系数，可以参考 EEDI 计算导则[9]中推荐的值，如果该导则中未涵盖使用的燃油类型，则应从燃料供应商处获得碳转换系数，并提供证明文件。

式(4.1)中 W 为船舶在一个日历年的总运输功(单位为 *DWT*-n mile 或 *GT*-n mile)，可表示为

$$W = C \times D_t \tag{4.3}$$

式中　C——运载能力 *capacity*，t，有几种情况：①对于散货船、液货船、集装箱船、气体运输船、LNG 运输船、杂货船、冷藏货船和兼装船，C 为船舶载重吨(*DWT*)；②对于豪华邮轮、滚装货船(车辆运输船)、滚装货船和客滚船，C 为船舶总吨(*GT*)；

D_t——船舶一个日历年内的总航行距离，n mile。

除了上述公式所阐述的 *attained CII* 之外，MEPC 也鼓励采用如下指标评估 CII。

(1)*EEPI*(energy efficiency performance indicator)：

$$EEPI = \frac{M}{C \times D_t} \tag{4.4}$$

(2)*cbDIST*：

$$cbDIST = \frac{M}{ALB \times D_t} \tag{4.5}$$

(3)*clDIST*：

$$clDIST = \frac{M}{Lanemeter \times D_t} \tag{4.6}$$

(4)EEOI：即采用在 MEPC. 1/Circ. 684《营运能效指数(EEOI)自愿试用

导则》[10]中提到的 EEOI 计算方法。

其中,M、C 以及 D_t 的取值方法和 *attained CII* 的计算公式中相应参数的取值一致;D_l 为满载条件下所行驶的距离,n mile;*ALB* 为豪华邮轮下层铺位数量;*Lanemeter* 为滚装船的车道长度,m。

4.2　用于营运碳强度指标的基线

MEPC 第 78 届会议(2022 年 6 月)以第 MEPC. 353(78)号决议发布了《2022 年用于营运碳强度指标的基线导则》(G2 导则)[6],其中给出了关于 CII 基线的最新规定。

CII 基线是一组给定船舶达到的 CII 值的中位数曲线,是以船舶运载能力为变量的幂函数,用来确定船舶应达到的 CII 的基准值。

CII 基线计算方式如下

$$CII_{\mathrm{ref}} = a \cdot capacity^{-c} \tag{4.7}$$

式中　CII_{ref}——CII 基线值,g/*DWT*-n mile 或 g/*GT*-n mile;

capacity——运载能力 *DWT* 或 *GT*,与特定船型的碳强度指标 CII 定义中的规定一致,见表 4-1;

系数 a 和 c——以 IMO 数据收系统(DCS)2019 收集到的单船 *attained CII* 和 *capacity* 样本,通过中值回归拟合得到的参数,见表 4-1。

表 4-1　不同船型的 CII 参考基线计算参数

船型	规格	*capacity*	a	c
散货船	279 000 *DWT* 及以上	279 000	4 745	0.622
	279 000 *DWT* 以下	*DWT*	4 745	0.622
气体运输船	65 000 *DWT* 及以上	*DWT*	$14\ 405 \times 10^{11}$	2.071
	65 000 *DWT* 以下	*DWT*	8 104	0.639
液货船		*DWT*	5 247	0.610
集装箱船		*DWT*	1 984	0.489
杂货船	20 000 *DWT* 及以上	*DWT*	31 948	0.792
	20 000 *DWT* 以下	*DWT*	588	0.388 5

表 4-1(续)

船型	规格	*capacity*	*a*	*c*
冷藏货船		*DWT*	4 600	0. 557
兼用船		*DWT*	5 119	0. 622
液化天然气运输船	100 000 *DWT* 及以上	*DWT*	9. 827	0. 000
	65 000 及以上 100 000 *DWT* 以下	*DWT*	1.4479×10^{14}	2. 673
	65 000 *DWT* 以下	65 000	1.4479×10^{14}	2. 673
滚装客船(车辆运输船)	57 700 *GT* 及以上	57 700	3 627	0. 590
	30 000 *GT* 及以上且 57 700 *GT* 以下	*GT*	3 627	0. 590
	30 000 *GT* 以下	*GT*	330	0. 329
滚装货船		*GT*	1 967	0. 485
客滚船	客滚船	*GT*	2 023	0. 460
	依照 SOLAS 第 X 章设计的高速艇	*GT*	4 196	0. 460
豪华邮轮		*GT*	930	0. 383

4.3 相对于基线的营运碳强度指标折减系数

MEPC 第 76 届会议(2021 年 6 月)以第 MEPC. 338(76)号决议发布了《2021 年相对于基线的营运碳强度指标折减系数导则》(G3 导则)[3],其中详细规定了确定 CII 折减系数的方法以及 2023—2030 年该系数的设定值。

CII 折减系数(reduction factor,用 *Z* 表示)是指规定年份船舶的 *required CII* 相较于 2019 年基线值减少的百分比。CII 折减系数的设定是为了逐步满足 IMO 船舶温室气体减排战略的目标,即到 2030 年时国际航运船队平均 CII 折减系数较 2008 年下降 40%。

CII 折减系数主要影响每一年度的 *required CII* 的计算值,进而影响船舶的 CII 年度评级,其计算公式如下

$$required\ CII=(1-Z/100)\,CII_{\mathrm{R}} \tag{4.8}$$

式中 CII_{R}——G2 导则中定义的 2019 年的基线值;

Z——折减系数,其设定值与年份的对应关系见表 4-2,其中,2027 年

至 2030 年的折减系数 Z 将根据《IMO 船舶温室气体减排初步战略》短期措施的实施情况,由 IMO 评估后确定。

表 4-2　折减系数 Z 与年份的对应关系

年份	折减系数 Z
2023	5
2024	7
2025	9
2026	11
2027	—
2028	—
2029	—
2030	—

4.4　船舶营运碳强度指数分级

MEPC 第 78 届会议(2022 年 6 月)以第 MEPC. 354(78)号决议发布了《2022 年船舶营运碳强度指标分级导则》(G4 导则)[7],其中给出了最新的 CII 分级的规定。

最新修订的 MARPOL 公约附则Ⅵ要求将船舶的 *attained CII* 和 *required CII* 进行对比检验。依照对比结果,将船舶的 CII 分为 A、B、C、D 和 E 五个等级,分别表示优秀、良好、中等、稍差和较差五个水平。同时,基于基线制定年份单艘船舶的 CII 分布,将该年度船舶评级分布比例划分为:A 级占 15%、B 级占 20%、C 级占 30%、D 级占 20%、E 级占 15%,如图 4-1 所示。

对 5 级评定机制,设定 4 个边界,分别为:优秀边界(superior boundary)、良好边界(lower boundary)、合格边界(upper boundary)、较差边界(inferior boundary)。CII 评级边界如图 4-2 所示,由各边界向量值(d_1、d_2、d_3、d_4)与 Required CII 的乘积确定。

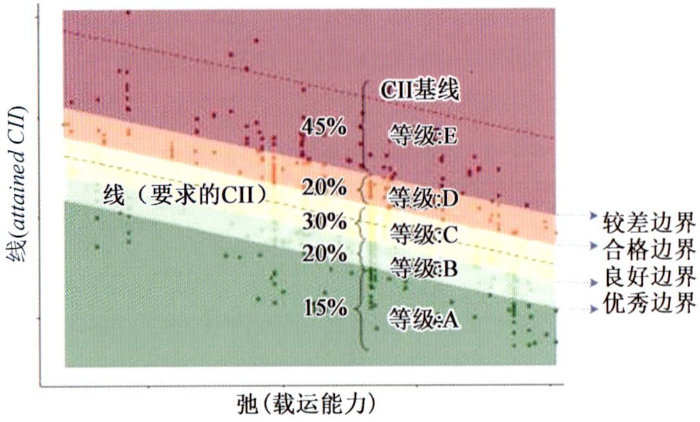

图 4-1　船舶营运能效评级分布示意图

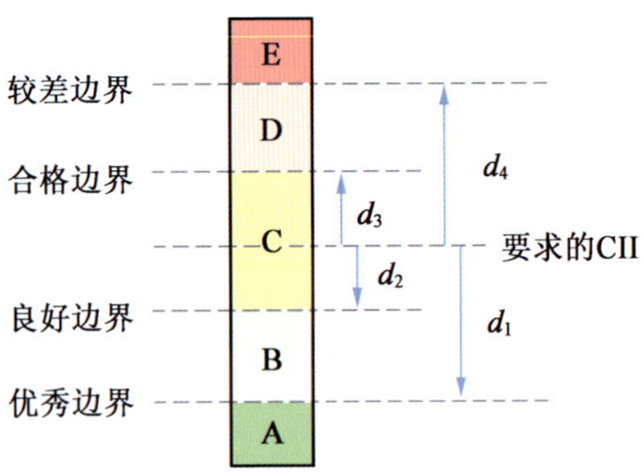

图 4-2　CII 评级边界值示意图

评级边界的计算公式如下：

$$\begin{cases}优秀边界=\exp(d_1)\times required\ CII\\ 良好边界=\exp(d_2)\times required\ CII\\ 合格边界=\exp(d_3)\times required\ CII\\ 较差边界=\exp(d_4)\times required\ CII\end{cases} \tag{4.9}$$

其中，d_1、d_2、d_3 和 d_4 是以 IMO 于 2019 年收集的不同船型数据为样本，采用分位数回归方法进行计算而得的，具体数值见表 4-3。

表 4-3　不同船型对应的边界向量取值

船舶类型		capacity	dd 向量			
			exp(d_1)	exp(d_2)	exp(d_3)	exp(d_4)
散货船		*DWT*	0.86	0.94	1.06	1.18
气体运输船	65 000 *DWT* 及以上	*DWT*	0.81	0.91	1.12	1.44
	65 000 *DWT* 以下	*DWT*	0.85	0.95	1.06	1.25
液货船		*DWT*	0.82	0.93	1.08	1.28
集装箱船		*DWT*	0.83	0.94	1.07	1.19
杂货船		*DWT*	0.83	0.94	1.06	1.19
冷藏货船		*DWT*	0.78	0.91	1.07	1.20
兼用船		*DWT*	0.87	0.96	1.06	1.14
LNG 运输船	100 000 *DWT* 及以上	*DWT*	0.89	0.98	1.06	1.13
	100 000 *DWT* 以下	*DWT*	0.78	0.92	1.10	1.37
滚装货船(车辆运输船)		*GT*	0.86	0.94	1.06	1.16
滚装货船		*GT*	0.76	0.89	1.08	1.27
客滚船		*GT*	0.76	0.92	1.14	1.30
豪华邮轮		GT	0.87	0.95	1.06	1.16

4.5　CII 计算的修正系数和航程调整

部分船舶的 CII 等级不良不是船舶能效水平差导致的,例如冰区航行和冷藏集装箱的高能耗等,可能造成船舶 CII 评级的不公平性。因此,MEPC 第 78 届会议(2022 年 6 月)以第 MEPC.355(78)号决议发布了《2022 年用于 CII 计算的修正系数和航程调整临时导则》(G5 导则)[8],引入了 CII 计算的修正系数和航程免除方法。

4.5.1　允许免除的情况说明

若船舶遇到下列情况之一,该航次下的燃油消耗量和航行距离可从计算 *attained CII* 中予以扣除,并向主管机关报送与该调整有关的数据:

(1) MARPOL 公约附则Ⅵ第 3.1 条规定的可能危及船舶安全航行的情况;

(2) 冰况下航行。

4.5.2　考虑航次调整或特殊作业、特殊用能的 *attained CII* 的计算公式

因航次调整或特殊作业、特殊用能等原因对 *attained CII* 进行修正的,其计算公式如下

$$\frac{\sum_j C_{Fj} \cdot \{FC_j - (FC_{voyage,j} + TF_j + (0.75 - 0.03y_i) \cdot (FC_{electrical,j} + FC_{boiler,j} + FC_{others,j}))\}}{f_i \cdot f_m \cdot f_c \cdot f_{iVSE} \cdot capacity \cdot (D_t - D_x)} \tag{4.9}$$

公式(4.9)中的参数含义与取值方法如下。

(1) j 为燃料类型。

(2) C_{Fj} 为燃料类型 j 所对应的碳转换系数,其取值与 EEDI 和 EEXI 计算方法中的取值一致。

(3) FC_j 为一个日历年中燃料 j 的总消耗量,g。

(4) $FC_{voyage,j}$ 为一个日历年内符合航段调整要求范围内免除航行时间段燃料 j 的总消耗量,g。

(5) TF_j 为 STS 作业(船对船作业)或穿梭油轮运营过程中扣除的燃料 j 的质量,t。对于可扣除燃油消耗量的 STS 作业航次,是指该航次的装货和卸货地点之间的航程不超过 600 n mlie,且每次航程的时间(不包括港口或卸货时间)不超过 72 h。

TF_j 的计算公式为

$$TF_j = (1 - AF_{Tanker}) \cdot FC_{s,j} \tag{4.9}$$

式中　AF_{Tanker}——STS 作业或穿梭油轮修正系数;

　　$FC_{s,j}$——燃料 j 的质量,g。

①AF_{Tanker} 计算方式。

对于进行 STS 作业的船舶,$AF_{Tanker} = 6.174\ 2 \times DWT^{-0.246}$;

对于穿梭油轮,$AF_{Tanker} = 5.680\ 5 \times DWT^{-0.208}$。

②$FC_{s,j}$ 计算方式。

对于有 STS 作业的船舶,$FC_{s,j}$ 是指包含 STS 作业航次所消耗的燃料 j 的总质量,包括 STS 作业和 STS 航行期间的海上货物的过驳、航行、卸货、抛

锚或漂航等待,以及在港口卸货时消耗的燃油量。

对于穿梭油轮,$FC_{s,j}=FC_j$。

③若 $TF_j>0$,则 $FC_{electrical,j}=FC_{boilerl,j}=FC_{others,j}=0$。

(6)y_i 是连续的编号系统,其随年份递增,对于 2023 年 $y_{2\,023}=0$,对于 2024 年 $y_{2\,024}=1$,对于 2025 年 $y_{2\,025}=2$,以此类推。

(7)$FC_{electrical,j}$ 为一个日历年内可扣除的用于产生电能消耗的燃料 j 的总质量,g,不包含航次调整期间的消耗量。

attained CII 计算过程中可扣除的 $FC_{electrical,j}$ 包括以下 3 种情况。

①冷藏集装箱的电能消耗。

对于使用冷藏集装箱所产生的燃油消耗量 $FC_{electrical\_reefer,j}$,分如下几种情况计算。

a. 对于具有冷藏集装箱电力消耗监测能力的船舶,$FC_{electrical\_reefer,j}$ 计算公式如下

$$FC_{electrical\_reefer,j}=Reefer\ kWh\times SFOC \tag{4.12}$$

式中　$FC_{electrical\_reefer,j}$——用于装载冷藏集装箱所产生的燃油消耗;

$Reefer\ kWh$——由船上千瓦时表计数器测得;

$SFOC$——特定燃料的燃油消耗率,g/kWh,作为用于提供电力的发动机的加权平均值,在 EEDI/EEXI 技术案卷或 NO_x 技术案卷中有所体现。

若船舶技术案卷不可用,则二冲程主机的 *SFOC* 可采用默认值 175 g/kWh,四冲程主机的 *SFOC* 可采用默认值 200 g/kWh;对于 MEPC. 1/Circ. 896 中 C1 类定义的废热回收系统,其 *SFOC* 可由主管当局酌情决定。

经主管机关批准,可使用替代方法,如根据船舶自动记录的数据计算得到燃料消耗量或用电量。需要注意的是,用于船舶冷藏集装箱所消耗的用电量不应包含航次调整期间所消耗的用电量。

b. 对于不具有冷藏集装箱电力消耗监测能力的船舶,$FC_{electrical\_reefer,j}$ 计算公式如下

$$FC_{electrical\_reefer,j}=Cx\cdot 24\cdot SFOC_{avg}\cdot(Reefer\_days_{sea}+\Sigma Reefer\_days_{port}) \tag{4.13}$$

式中　Cx——冷藏集装箱的默认耗电量,取为 2. 75kW/h;

$Reefer\_days_{sea}$——申报期间内启用冷藏集装箱的天数,可使用船图

(BAPLIE)文件中记录的冷藏集装箱数量乘以海上航行天数得到;

$SFOC_{avg}$——用于提供电力的主机燃油消耗率加权平均值,在 EEDI/EEXI 技术案卷或 NO_x 技术案卷中有所体现。若船舶技术案卷不可用,则二冲程主机的 $SFOC$ 可采用默认值 175 g/kWh,四冲程主机的 $SFOC$ 可采用默认值 200 g/kWh,对于 MEPC. 1/Circ. 896 中 C1 类定义的废热回收系统,其 $SFOC$ 可由主管当局酌情决定。

$Reefer\_days_{port}$——靠港未使用岸电时,使用的冷藏集装箱的天数,可以根据如下公式计算

$$Reefer\_days_{port}=\frac{No_cArrival+No_cDeparture}{2}\times Days_{port} \tag{4.14}$$

式中 $Days_{port}$——在港口停留的天数;

$No_cArrival$——船舶到达港口时冷藏集装箱的数量;

$No_cDeparture$——船舶从港口出发时冷藏集装箱的数量。

船舶实际装载的冷藏集装箱数量都记录在 BAPLIE 文件中。需要注意的是,用于船舶冷藏集装箱所消耗的用电量不应包含航次调整期间所消耗的用电量。

②气体运输船和 LNG 运输船中货物冷却/再液化系统的电能消耗。

对于具有电力货物冷却系统或再液化系统的气体运输船和 LNG 运输船,其进行货物冷却或再液化所产生的燃油消耗量 $FC_{electrical\_cooling,j}$ 可按下式计算

$$FC_{electrical\_cooling,j}=Cooling\ kWh\times SFOC \tag{4.15}$$

式中 $FC_{electrical\_cooling,j}$——用于气体货物冷却所消耗的燃油量;

$Cooling\ kWh$——由船上千瓦时表计数器测得;

$SFOC$——与电力来源相关的特定燃料的燃油消耗率,g/kWh,在 EEDI/EEXI 技术案卷或 NO_x 技术案卷中有所体现。

若船舶技术案卷不可用,则二冲程主机的 $SFOC$ 可采用默认值 175 g/kWh,四冲程主机的 $SFOC$ 可采用默认值 200 g/kWh,对于 MEPC. 1/Circ. 896 中 C1 类定义的废热回收系统,其 $SFOC$ 可由主管当局酌情决定。

经主管机关批准,可使用替代方法,如根据船舶自动记录的数据计算得

到燃料消耗量或用电量。需要注意的是,用于货物冷却所消耗的用电量不应包含航次调整期间的所消耗的用电量。

③液货船上排放泵的电能消耗。

对于具有电力卸货泵的液货船,其进行电力卸货所产生的燃油消耗量 $FC_{\text{electrical\_discharge},j}$ 可按下式计算

$$FC_{\text{electrical\_discharge},j} = discharge\ kWh \times SFOC \tag{4.16}$$

式中　$FC_{\text{electrical\_discharge},j}$——电力卸货泵所消耗的燃油量;

$discharge\ kWh$——由船上千瓦时表计数器测得;

$SFOC$——与电力来源相关的特定燃料的燃油消耗率,g/kWh,在 EEDI/EEXI 技术案卷或 NO_x 技术案卷中有所体现。

若船舶技术案卷不可用,则二冲程主机的 $SFOC$ 可采用默认值 175 g/kWh,四冲程主机的 $SFOC$ 可采用默认值 200 g/kWh,对于 MEPC. 1/Circ. 896 中 C1 类定义的废热回收系统,其 $SFOC$ 可由主管当局酌情决定。

经主管机关批准,可使用替代方法,如根据船舶自动记录的数据计算得到燃料消耗量或用电量。需要注意的是,用于货物冷却所消耗的用电量不应包含航次调整期间的消耗量。

(8)$FC_{\text{boiler},j}$ 为一个日历年内用于蒸汽锅炉燃料 j 的总消耗量,特指液货船上货物加热或使用蒸汽驱动货泵的燃油锅炉燃料 j 的总消耗量,不包含航次调整期间的消耗量。

$FC_{\text{boiler},j}$ 应采用公认的方法(例如油舱测深、流量计)进行测量。

对于主要用于货物加热或卸货操作的燃油锅炉,如果也用于热水器等其他用途,则无须扣除这些燃油的消耗量。

(9)$FC_{\text{others},j}$ 为一个日历年内其他相关设备燃料 j 的总消耗量,特指依靠独立原动机驱动卸货泵的液货船在卸货泵运行期间燃料 j 的总消耗量,不包含航次调整期间的消耗量。

$FC_{\text{others},j}$ 应采用公认的方法(例如油舱测深、流量计)进行测量。

(10)f_i 是针对冰区船舶的装载量修正系数,计算方式参见 MEPC. 364(79)号决议《2022 年新船能效设计指数(EEDI)计算方法导则》[11]。

(11)f_m 是针对 IA Super 和 IA 级冰区船舶的修正系数,计算方式参见 MEPC. 364(79)号决议《2022 年新船能效设计指数(EEDI)计算方法导则》[11]。

(12)f_c 是针对化学品船的舱容修正系数,计算方式参见 MEPC.364(79)号决议《2022 年新船能效设计指数(EEDI)计算方法导则》[11]。

(13)$f_{i,VSE}$ 是针对自愿结构加强船舶的修正系数,计算方式参见 MEPC.364(79)号决议《2022 年新船能效设计指数(EEDI)计算方法导则》[11]。

(14)$capacity$ 是船舶载运能力 DWT 或 GT,其定义与 CII 计算导则 G2 中的定义一致。

(15)D_t 为一个日历年内的航行总距离,n mile。

(16)D_x 为一个日历年内的航次调整可免除的航行总距离,n mile。

4.6　CII 强制实施所带来的影响

2023 年 CII 强制生效后,作为船舶营运碳强度指标,它将作为 IMO 判断船舶航运温室气体排放是否满足其初步战略要求的重要衡量标准。每个日历年均需要对船舶的 CII 进行验证,在下一个日历年的前 3 个月内报告主管机关或经主管机关授权的组织,并对其 CII 等级进行评定。由主管机关或经主管机关授权的组织验证后签发符合声明(statements of compliance,SOC),其有效期为当年直至下一个日历年的前 5 个月。CII 评级为 C 级及以上的船舶,将被认定为营运能效达标的船舶。

attained CII 值和多方面因素有关,即使船舶载重吨量级相当,但由于船舶类型不同,*attained CII* 值差异也会比较大。船体线型、主机性能、航行条件以及船舶维护管理水平等都会影响到 *attained CII* 值,个别船舶由于运营状况不佳,也可能会导致 *attained CII* 值偏高。此外,如果船舶可以在靠港期间使用岸电,能够节省大量的燃油,减少二氧化碳的排放,进而降低自身的 *attained CII* 值。

从整体上看,针对同一类型的船舶,*attained CII* 值具有随着船舶载重吨的增大而降低的趋势。这是因为燃油消耗量主要受到主机油耗的影响,相同工况下主机功率越大则油耗越高,而船舶载重吨成倍增加后,主、辅机功率不会同比增大,因此船舶大型化往往会降低 *attained CII* 值。

假定在船舶的营运过程中自身不受外部任何因素影响,其 *attained CII* 值能够维持当前的水平,但随着时间的推移,由于折减系数的存在,各船型的 CII 评级边界会逐年降低,船舶的 CII 评级也会随之下降。但在实际营运过程中,*attained CII* 值往往会受到多方因素影响,如果不改变营运方式,那么 *attained CII* 值将会更加难以维持当前水平,CII 评级的降低速度会更快。

船舶能效管理计划 SEEMP 作为船舶安全管理体系的一部分,是 CII 机制实施的重要载体,每年需要对其进行验证和公司审核。对于 *attained CII* 值连续 3 年被评为 D 或 E 级的船舶,需将其纠正行动计划纳入 SEEMP,并提交至主管机关或经其正式授权的任一组织以供验证,船舶需按照经修订的 SEEMP 采取相关的纠正行动。否则,根据 MARPOL 公约附则Ⅵ的最新修正案要求,不得向连续 3 年被评为 D 或 E 级的船舶签发营运碳强度符合声明。

4.7　关于提升 CII 评级的应对措施

营运船舶应当采取有效的措施,以应对 CII 评级下滑的趋势。目前行业内正在积极研究相应方案,根据船舶特点,采取多种措施优化船舶 CII 水平。

4.7.1　提升 CII 评级的技术措施

从技术层面上,可以采取优化船机桨的配置、加装节能装置,以及采用新兴的减阻技术等措施来提升 CII 评级,在本书 3.5 节和 5.4 节中,对相应的技术进行了阐述,此处不多作说明。

4.7.2　提升 CII 评级的管理措施

从管理层面上,可以依托船舶自身的营运数据对船舶能效进行优化管理,例如采取航速和航线的优化、燃油监控等措施,根据其特点寻求能效更佳的营运方式。

(1)航速和航线优化。

在船舶营运的过程中,充分发挥经济航线和经济航速等手段的作用,对于营运节能非常重要。在船舶的实际营运过程中,航速制约着运输效率。从船舶营运成本进行分析,航速并不是越低越好,经济航速一般分为最低耗油率航速、最低燃油费用航速和最高盈利航速等 3 种类型。最低耗油率航速就是保持柴油机油耗率最低时的船舶航速,而柴油机的有效油耗率与喷油量、换气质量和转速等有关。在综合考虑各种因素之后，通常在柴油机 85% 负荷时的有效油耗率最低，此时其所对应的航速即为最低油耗率航速。船舶的燃油费用与航速的关系为非线性关系，随着航速的降低，燃油费用存在一个最低点，此时即为最低燃油费用航速。但是在实际运行中，柴油机无法长时间保持在最低燃油费用航速上航行，在此航速下柴油机的输出功率较低，会引起柴油机性能、可靠性和使用寿命的降低。最高盈利航速是综合考虑了船舶的客货周转量、折旧费、运输成本、运价和利润等因素而计算出的最高盈利航速。

另外，船舶在不同吃水的状态下，螺旋桨推进效率存在差别，加强压载水管理，合理调整船舶吃水，减小船舶阻力，也能够促进船舶节能。此外，考虑到船舶运输的经济性，增强船舶调度管理，跟踪海况变化，做到船舶经济安全地运营，也能实现能效更佳。

(2)营运能效监测与优化。

营运船舶能耗管理是一个动态的过程，通过记录船舶的油耗，将理论数据和实际数据相比较，找出船舶能耗超标的原因，可以为降低船舶油耗指明方向。船舶燃油加装作业是燃油管理的源头，燃油质量相差甚远，应当针对公司对船舶的要求制订合适的指标，尽可能地保证船舶燃油质量，编制供油计量操作流程，以制度来规范加油操作，确认燃油密度和舱容，确定加油方式，并进行温差纠正等，同时需要注意燃油净化，保证燃油符合主机的节能要求，使用过程中防止跑、冒、滴、漏等现象发生，定期测量污油舱和污水舱，防止因污油不正常增加而被回收的可能性等问题。

参考文献

[1] Marine Environment Protection Committee. Resolution MEPC. 336(76)—2021 Guidelines on operational carbon intensity indicators and the calculation methods (CII guidelines, G1)[R]. London: MEPC, 2021.

[2] Marine Environment Protection Committee. Resolution MEPC. 337(76)—2021 Guidelines on the reference lines for use with operational carbon intensity indicators (CII reference lines guidelines, G2)[R]. London:

MEPC, 2021.

[3] Marine Environment Protection Committee. Resolution MEPC. 338(76)—2021 Guidelines on the operational carbon intensty reduction factors relative to reference lines(CII reduction factors guidelines, G3)[R]. London: MEPC, 2021.

[4] Marine Environment Protection Committee. Resolution MEPC. 339(76)—2021 Guidelines on the operational carbon intensity rating of ships(CII rating guidelines, G4)[R]. London: MEPC, 2021.

[5] Marine Environment Protection Committee. Resolution MEPC. 352(78)—2022 Guidelines on operational carbon intensity indicatiors and the calculation methods(CII guidelines, G1) [R]. London: MEPC, 2022.

[6] Marine Environment Protection Committee. Resolution MEPC. 353(78)—2022 Guidelines on the reference lines for use with operational carbon intensity indicators (CII reference lines guidelines, G2) [R]. London: MEPC, 2022.

[7] Marine Environment Protection Committee. Resolution MEPC. 354(78)—2022 Guidelines on the operational carbon intensity rating of ships(CII rating guidelines, G4) [R]. London: MEPC, 2022.

[8] Marine Environment Protection Committee. Resolution MEPC. 355(78)—2022 Interim guidelines oncorrection factors and voyage adjustments for cii calculations(CII guidelines, G5) [R]. London: MEPC, 2022.

[9] Marine Environment Protection Committee. Resolution MEPC. 364(79)—2022 guidelines on the method of calculation of the attained energy efficiency design index (EEDI) for new ships [R]. London: MEPC, 2022.

[10] Marine Environment Protection Committee. MEPC. 1/Circ. 684—Guidelines for voluntary use of the ship energy efficiency operational indicator (EEOI) [R]. London: MEPC, 2009.

[11] Marine Environment Protection Committee. Resolution MEPC. 364(79)—2022 guidelines on the method of calculation of the attained energy efficiency design index (EEDI) for new ships [R]. London: MEPC, 2022.

第 5 章　船舶绿色低碳发展思路

IMO 将航运碳排放限制纳入全球体系，船舶温室气体减排初步战略确定了在 21 世纪内逐步消除国际航运温室气体排放的目标。相关国家和组织积极响应，先后提出航运碳减排路线图，并开展一系列全新技术的研发。面对日趋严格的海洋环保政策和能源脱碳化的严峻挑战，船舶工业正在兴起以动力革命为标志的减排行动，并在船舶设计、制造、运营和拆解的全生命周期绿色化发展过程中实现减排目标。船舶绿色低碳发展的总体思路是以替代燃料为核心，以新型动力技术、节能增效技术和碳捕捉技术为辅助措施的综合性减排路径。

5.1　国外绿色船舶发展规划及启示

为顺应国际航运业绿色减排的发展形势，海洋强国纷纷通过政策引导、财政支持、政企合作、制定激励机制等手段，加大绿色船舶研发力度，积极推动航运绿色转型。

5.1.1　先进造船国家的绿色船舶发展规划

5.1.1.1　韩国

作为造船强国之一，韩国将发展绿色船舶产业作为其未来产业发展的突破口。自 2016 年起，韩国政府连续出台多项政策和方案，包括《造船产业竞争力强化方案》（2016 年 10 月）、《造船产业发展战略》（2018 年 4 月）、《造船产业活力提高方案》（2018 年 11 月）等，清晰地指出韩国造船产业未来的发展重心，即向“绿色化”转型[1]。2020 年底，韩国政府发布了韩国绿色船舶中长期规划，即《2030 Green ship-K 推进战略》，以构建 2050 年碳中和型产业生态系统为目标,从先进环保船舶技术研发、完善新技术产业应用的试验基础条件、推进韩国型实船验证项目、燃料供应基础设施及操作体系建设、绿色船舶普及推广、建立绿色船舶市场生态体系等 6 大方面,通过科研项目支持、国内新造船支持、政策性金融支持、标准制定等多种手段,全面布局并积极推动造船和船配企业向绿色化转型[[2],以期实现该国未来绿色船舶技术世界领先、改善海洋环境、创造新的市场等成效。其具体措施包括[3]以下几点。

(1)研发先进环保船舶技术。

为确保该国未来绿色船舶技术世界领先,支持 LNG 动力、电力、混合动力等核心配套装备国产化和升级,支持并推进混合燃料等低碳船舶技术和氢、氨等零碳船舶技术以及配套装备的体系化、综合性技术研发,力争实现船舶温室气体到 2030 年减排 40%、2050 年减排 70%的目标。

(2)完善新技术产业应用的试验基础条件。

制定检验标准,为适用技术的实船验证与推广应用,加快制定暂行标准,并在安全性得到验证后出台正式标准。推动产业各界开展试验、评价设施的建造与完善,推进多样化的“试验-评价”基础设施项目,包括补充建立 LNG 燃料舱等试验设施和评价设备、氢燃料电池设备及其燃料舱和供给装置等设备。

(3)推进实船验证项目。

建造专用示范船,用于环保新技术的海上实船验证,以确保新技术的安全性和可靠性。示范项目将建造 10 艘以上采用环保技术的示范专用船舶,包括 1 艘 LNG 加注船、2 艘电动推进船、3 艘混合动力船、2 艘混合燃料船、3 艘氢动力船等;通过建造多用途海上实验船舶(2023 年)或改造即将退役的公务船(2022 年),构建 4 艘以上多用途海上实验平台。

(4)建设燃料供应基础设施及操作体系。

建设 LNG 加注基础设施,包括运营加注船舶和建造陆上加注站等,推动 LNG 燃料供给方式多元化。建设岸电系统,将可替换船用电力系统作为小型纯电力或混合动力船舶的高速充电设备,加快基础设施扩建。建设零碳燃料供应基础设施,先期建设氢、氨等零碳燃料加注验证平台,经局部示范应用后,向大量商业应用转换(2025 年)。

(5)绿色船舶普及推广。

开展老旧公务船替代更新,优先采用LNG动力、混合动力等商用技术,先向绿色船舶过渡(到2030年,计划将388艘公务船全部升级为绿色环保船舶),并逐步向商船推广;通过专项补贴、利差补贴、税收优惠政策、担保等手段,支持民营船舶升级为绿色船舶;通过设立政策性基金、降低贷款利率、综合金融套餐等多种方式,支持新建环保船舶,同时,通过下调环保燃油价格、扩大港口设施使用费减免范围等方式,营造稳定的航运环境。

(6)建立绿色船舶市场生态体系。

出台一系列政策保障措施,制定建造、运营绿色船舶及配套装备国家标准认证制度和安全标准,保障新技术快速落地应用。建立绿色船舶运营大数据系统,计划以绿色船舶运行信息为基础,建立具有船舶温室气体及大气污染物排放验证、船舶远程诊断等功能的数据支援中心;以船舶实际航行信息为基础,对大气污染物排放量进行分析、验证等,提高国家统计信息集成能力(2025年开始)。

5.1.1.2 日本

2018年8月,日本发起了航运零排放项目,开始研究制定国际航运零排放路线图,为此专门成立了一个政府-行业-学术界项目组,其成员包括来自航运、造船和船舶配套设备企业、船级社、研究所、土地、基础设施、运输和旅游等部门的专家。2020年4月,该项目组发布了《国际航运零排放路线图》[4],针对IMO航运减排愿景和目标,从实现2030年减排目标的技术性和操作性措施、实现2050年目标的减排途径、超低排放或零排放船舶概念设计等方面,提出了国际航运零排放路线图,如图5-1所示。

日本认为引入替代燃料和其他技术解决方案将是减少国际航运温室气体排放的主要选择。可用于实现2050年减排目标的替代燃料包括氢、氨、液化天然气(LNG)、合成碳循环燃料(如甲烷)和生物燃料等。除使用替代燃料外,其他减少温室气体排放的技术还包括风力助推、电池推进和船上CO_2捕捉等。

目前,LNG燃料是公认的解决国际航运温室气体排放的过渡性替代燃料,并已作为船用燃料被广泛使用,扩大LNG燃料的使用将是所有减排途径的共同趋势。而液化氢和氨燃料在不使用引燃物的情况下燃烧时都不会排放CO_2,在减少国际航运温室气体排放总量方面具有很大的潜力。因此,日本认为船舶替代燃料的实现途径主要有两种：一是利用 LNG 燃料的基础设施，逐步扩大生物甲烷、碳循环甲烷的使用；二是除了继续使用 LNG 燃料外，增加氢燃料和氨燃料的使用。

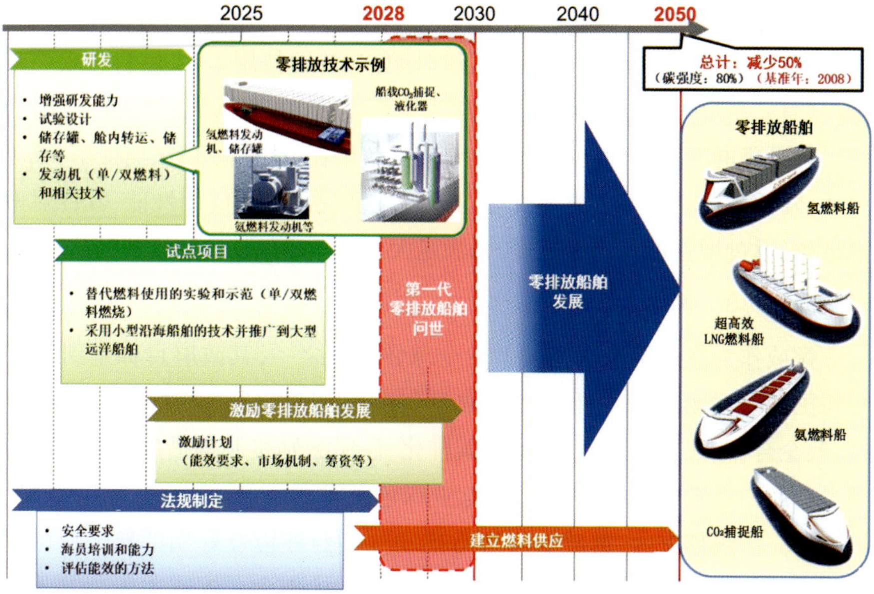

图 5-1　日本提出的国际航运零排放路线图[4]

在考虑目标的可行性和需要解决的技术进程的基础上，日本针对以上两种途径，提出了 4 种超低排放或零排放的概念船型（氢燃料船、氨燃料船、CO_2 捕捉船、超高效 LNG 燃料船），实现 90%以上（与 2008 年相比）的温室气体减排量，并将于 2028 年推出。日本以 20 000 TEU 集装箱船或 80 000 *DWT* 散货船为目标，开发这 4 种超级生态环保船舶，并从技术角度明确了引入这 4 种超级生态船舶需重点解决的技术问题，包括：①针对液化氢燃料船，需解决氢燃料发动机和燃料供应系统的开发、燃料箱的大型化、热保护系统以及防止氢泄漏的措施等问题；②针对氨燃料船，需解决氨的毒性和其他特性带来的风险、氨泄漏的控制、NO_x 排放等问题；③针对 CO_2 捕捉船，需要解决船载 CO_2 捕捉和液化系统；④超高效 LNG 燃料船是基于当前可用的节能技术进行的开发，因此技术挑战较小，但是有必要修订 IMO 相关法规和导则，为其实际应用提供条件。

为了实现以上概念船型的建造和运营，日本正在加快新技术的研究、开发和示范，积极参与 IMO 相关法规框架和标准的审议与制定，制定措施以鼓励采用零排放船舶并促进推广低碳/零碳替代燃料供应链和基础设施应用。同时，日本还确立了试点项目和攻关技术，包括：①在 2024 年前开发氢燃料发动机和氨燃料发动机；②开展常规燃料和氢、氨等替代燃料的双燃料内燃机试点项目，在 2026 年前实现在小型沿海船舶上的应用，并随着该技术的完善，在 2028 年前推广应用至大型远洋船舶；③鼓励使用 LNG 燃料和碳循环甲烷燃料，制定措施在最大程度上减少甲烷泄漏；④引入风力助推系统，建立一种可靠的方法来验证风力助推的节能效果；⑤从提高 CO_2 捕捉率、减小尺寸、降低成本和功率等方面优化船载 CO_2 捕捉系统的应用性能；⑥针对电池推进，通过增强电池能量密度，以满足大型远洋船舶长时间续航的需求。

5.1.1.3 挪威

挪威作为航运领域绿色转型的全球领导者之一，其政府目标是到 2030 年将国内航运船舶和渔船的碳排放量削减 50%，并采取立法规划、财政支持、政企合作、配额制度、公共采购减排化、注册激励机制等措施持续推进各类型船舶的低碳减排工作，加快航运业绿色发展[5]。

在立法规划方面，挪威政府努力推动气候与环境友好型的航运业国际制度框架构建，在公共采购过程中推行船舶减排理念。挪威关于公共采购方面的立法规定是公共机构必须以减少有害环境影响、促进气候友好型的方式进行采购，以此激励社会对低排放技术产品的使用，为零排放船舶的发展提供机会并创造动力。

在财政支持方面，挪威政府以资金和税费优惠的方式支持绿色船舶的购置及注册，包括：国家预算设立专款为环境友好型船舶的购置制定了长期的补贴和税收优惠计划；在敦促现有船舶实施绿色化措施的同时，引入激励措施，鼓励船东在挪威注册零排放和低排放船舶，以提升挪威航运业的国际竞争力。

在政企合作方面，挪威政府 2019 年制定了《政府绿色航运行动计划》[6]，支持相关技术的研发与基础设施建设；提出了航运零排放和低排放解决方案（图 5-2），包括应用电池电力推进、电池混合动力、氢燃料、氨燃料、LNG、生物柴油、节能措施（如船舶优化设计、主机和辅机能效提升、降低航速、通过数字化和自动化提高物流效率等）。围绕解决方案的实现，挪威政府投资 4 630 万挪威克朗支持航运绿色氨项目，用以建造世界上首艘绿色氨燃料动力油轮[7]。挪威国有独资公司 Enova 自 2015 年起为不同种类船舶项目拨款 15 亿挪威克朗,用于绿色船舶的电池及充电设施安装,近日又向 Wilhelmsen 公司的 Topeka 项目提供了 2.19 亿挪威克朗,旨在建造世界上首批零排放氢燃料船舶[7]。

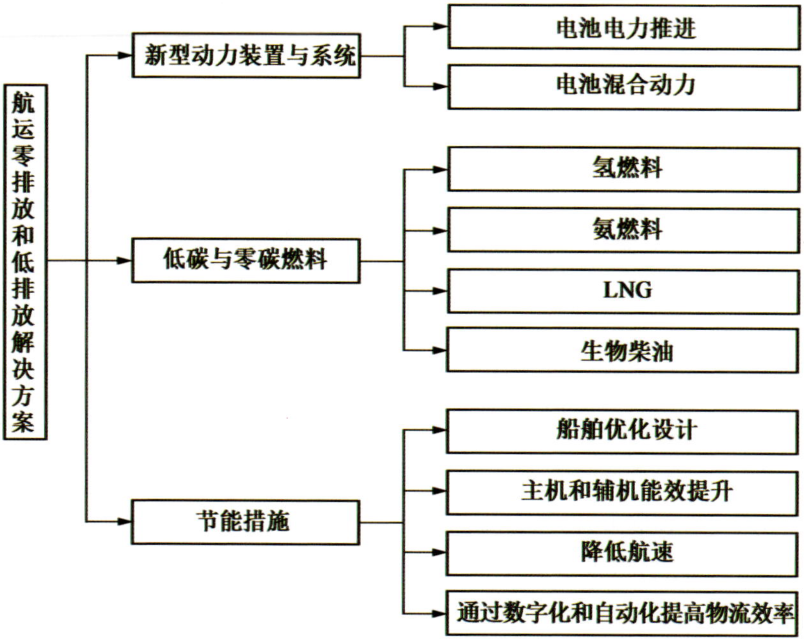

图 5-2　挪威航运零排放和低排放解决方案

在航运配额制度方面,挪威政府认为增加生物柴油和沼气的使用是实现 2030 年挪威航运排放量减半目标的重要措施之一,挪威议会已向政府提出关于航运业实施可持续生物燃料配额义务的提案;气候和环境部已组织环境署与海事局合作审查引入生物燃料配额义务措施的可行性与环境影响,联合创新署、研究理事会等科研机构及相关企业加大对以生物残留物和废弃物等为原料的生物沼气的研发和生产力度[5]。

5.1.1.4　英国

作为全球航运绿色和智能转型的引领者之一,英国劳氏船级社(LR)早在 2015 年就发布了《全球海洋技术趋势 2030》[8]报告,2019 年又发布了《零排放船舶转型路径》[9]报告,认为零排放船舶是循序渐进发展的,将 2020—2030 年视为突破和发展零排放船舶技术的关键时期,并且指出,为了实现 IMO 提出的 2050 年减排目标,零排放船舶需要在 2030 年前投入使用。

为了实现2030年的船舶脱碳方案，英国制定了以下脱碳发展路径：明确《低碳行动2050》中关于发展零排放船舶的需求，开展零排放船舶的工业可行性评估，厘清现行船舶与零排放船舶之间的差距，对不同的脱碳方案进行比较，明确向零排放船舶转型发展过程中的推动因素，制订低碳行动计划来推动零排放船舶的全面发展[5]。

英国劳氏船级社和大学海事咨询服务公司(UMAS)合作开展了零排放船舶转型路径研究，认为可再生能源、生物能源、配备碳捕捉和储存系统的化石燃料将是未来船用燃料市场的主要能源[9]，从燃料加注、船上储存、加工和输运、推进等方面研究了这三类燃料的技术成熟度及使用情况，认为每一类燃料都存在使用短板，共性的瓶颈问题主要包括：需要进一步发展《国际使用气体或其他低闪点燃料船舶国际安全规则》(IGF规则)；需要制定燃料加注程序和标准及燃料质量标准；开发辅机；解决船上存储问题；开发加注设施、输运设备等[10]。

为了研究零排放技术发展的影响因素和应用可行性，英国劳氏船级社和大学海事咨询服务公司研究了适用于5种船型(散货船、集装箱船、油船、客船和滚装客船)以及3种不同未来情景的7种零排放技术选择(包括电池、合成燃料、生物燃料的各种组合，外加燃料电池、电动机或内燃机)。研究得出的结论是，生物燃料是最有前途的零排放解决方案，其次是适用于内燃机的合成燃料，而混合动力和电动解决方案因需要大量的电池，成本高昂而被认为是竞争力最低的解决方案。英国劳氏船级社也指出，不论将来使用哪种零碳燃料，未来几年内建造和使用零排放船舶在技术上都是可行的，但要实现这一目标，行业需要解决燃料供应链的问题，包括所需燃料的供应量以及生产、供应和配送的陆上基础设施。

5.1.2 国外绿色船舶发展规划带来的启示

为顺应国际航运业绿色减排的发展形势，韩国、日本、挪威、英国、欧盟等国家和地区纷纷通过政策引导、财政支持、政企合作、制定激励机制等措施，加大绿色船舶研发力度，通过高效的技术研发来抢占国际领先技术高地，再通过主导国际相关公约和法规的制定来设置技术屏障，保持自身的技术领先地位。

在政策引导方面，对标《IMO船舶温室气体减排初步战略》的减排目标[11]，各国先后提出本国的航运碳减排发展规划，例如韩国的《造船产业发展战略》、日本的《国际航运零排放路线图》和《造船产业活力提高方案》、挪威的《绿色航运行动计划》等；同时，各国以资金扶持和税费优惠的方式，引导船东、船厂、高校和科研院所积极参与绿色船舶技术的研发与建造。

在技术研发方面，相关国家以政企合作的方式，支持绿色船舶研发项目，如韩国的“2030 年绿色船舶-推进倡议”、日本的航运零排放路线试点项目、挪威的航运绿色氨项目等，推动航运企业和船舶研发机构围绕氢、氨、生物柴油等替代能源的实船应用开展研究试验与工程实践，积极开发绿色节能新船型，从而持续提升行业竞争力。

如图 5-3 所示，从国外绿色船舶发展规划和技术发展现状来看，实现 2030 年零排放船舶的技术主要有 3 个方面。

(1)低碳/零碳替代燃料。

其研究热点主要集中在氢、氨、LNG、甲醇、甲烷和生物柴油等方面，除了 LNG 已经在船舶行业得到较为广泛的应用外，其他燃料要实现商业化应用还有诸多技术难题需要解决，例如燃料加注、储存稳定性、燃烧控制等问题。

(2)新型动力装置与系统。

其研究热点主要集中在低碳/零碳替代燃料的单/双燃料发动机研发、电池混合动力、电池电力推进等方面。

(3)船舶节能措施。

其研究热点主要集中在线型优化、主机和辅机能效提升技术、风力助推技术、气层减阻技术、智能化技术(通过提升物流效率来实现节能减排)等方面。

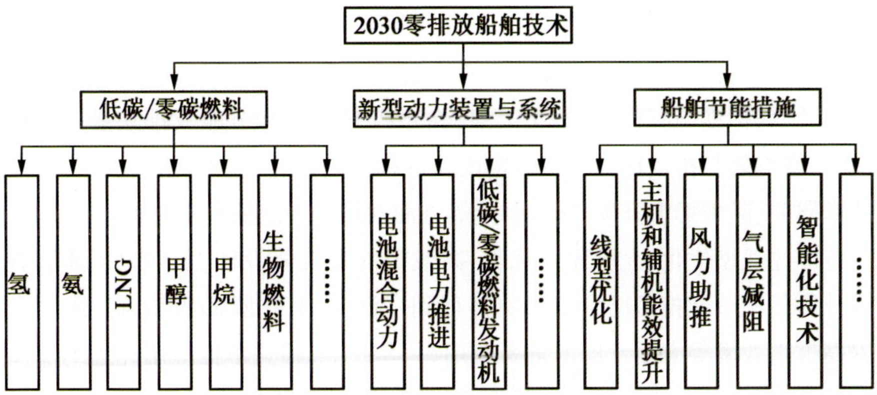

图 5-3　2030 年零排放船舶技术

5.2 我国绿色船舶技术发展现状与存在的问题

在国际航运节能减排背景的驱动下，我国积极应对 IMO 有关新公约、新标准、新规范的要求，将能效与排放作为船舶研发设计过程中的重要考量因素，在绿色节能技术研究和标准制定等方面取得了大量的研究成果，但在绿色船舶发展的统筹规划、核心配套设备及技术的自主研发能力、技术创新及标准规范引领等方面仍存在一些问题。

5.2.1 我国绿色船舶技术发展现状

在国际航运节能减排背景的驱动下，我国先后出台了一系列相关政策，引导船舶和航运业绿色化转型。2013 年 10 月，交通运输部出台《关于推进水运行业应用液化天然气的指导意见》，推动船舶使用液化天然气作为燃料，促进航运业的节能减排[12]；2016 年 6 月，工业和信息化部印发《工业绿色发展规划(2016—2020 年)》，鼓励支撑工业绿色发展的共性技术研发[13]；2017 年 5 月，科学技术部联合交通运输部发布《"十三五"交通领域科技创新专项规划》，将船舶先进推进技术、绿色船舶设计与优化技术列为重点科技发展方向[14]；2019 年 9 月，国务院印发《交通强国建设纲要》，指出要强化大型液化天然气船的自主设计建造能力[15]；2020 年 8 月，交通运输部印发《关于推动交通运输领域新型基础设施建设的指导意见》，鼓励船舶应用液化天然气等清洁能源[16]。

国内船东、船厂、设计院、研究所也密切跟踪 IMO 关于航运节能减排的新公约、新标准、新规范的有关要求，在积极参与国际节能减排立法工作的同时，将能效与排放作为船舶研发设计过程中的重要考量因素，在绿色节能技术研究、品牌船型开发、标准制定等方面取得了一定的研究成果。

船体线型优化、上层建筑优化、高效节能螺旋桨设计、水动力节能装置设计等传统节能技术已渐趋成熟并得到广泛应用，在降低船舶航行阻力和提高推进效率等方面发挥了重要作用[17][18][19]。相关单位应用先进的船型和总体设计技术，开发了新一代系列油船、散货船和集装箱船等船型，技术指标优异，赢得了大批量的订单。例如，中国船舶科学研究中心为大连船舶重工集团公司开发的 32 万 t VLCC，其主机日油耗从 93 t 降到 79.9 t，因此该公司获得了 40 余条船的造船订单；为江苏新时代造船有限公司开发的 15.8 万 t 吨油船，技术指标先进，因此该公司获得了 40 余条船的造船订单。节能配套产品推广应用成效显著，中船重工（上海）节能技术发展有限公司研发的具有自主知识产权的前置预旋导轮及桨毂消涡鳍等节能装置产品，节能效果可达 2%~8%，已经应用于千余艘实船，包括新造船开发和营运船改造。

国内相关单位正加紧开展创新型节能技术的研发与应用。如大连船舶重工集团公司牵头的国内研发团队成功掌握了翼型风帆的研发、设计、建造关键技术并成功应用于 2 艘 30.8 万 t VLCC；中国船舶科学研究中心形成了具有完全自主知识产权的气层减阻系统设计与工程应用技术体系并实现了成果转化，已成功应用于 4 艘实船。

在传统节能技术与创新型节能技术综合应用方面也开展了实践。中国船舶科学研究中心、蓬莱中柏京鲁船业有限公司和中船重工（上海）节能技术发展有限公司联合研发的超级节能型 88 000 *DWT* 散货船，采用低阻线型和高效螺旋桨，选用了包括风力助推转子、气层减阻装置、桨前预旋导轮和桨后消涡鳍、扭曲舵等多项创新节能技术，并采用变速恒频轴发系统为创新节能装置供电，能效较现有同类型船舶可提高 20%以上，*attained EEDI* 值相比基线降低超过 40%。

LNG 作为替代能源在实船上得到了广泛应用。根据《中国交通的可持续发展》白皮书，我国 LNG 动力船舶建成 290 余艘[20]；沪东中华造船（集团）有限公司建造的全球第一艘 23 000 TEU 双燃料动力集装箱船，采用的发动机、发电机、锅炉均为双燃料模式，EEDI 达到第 3 阶段标准，与传统燃油集装箱船相比，单个航次 CO_2 排放减少约 20%，NO_x 排放减少 85%，颗粒物、SO_x 排放量减少 99%。

在标准制定方面，中国船级社（CCS）在 2008 年首次启动了“绿色船舶计划”，开展新造船节能减排指标体系研究，并于 2010 年正式对外推出《绿色船舶规范》，首次界定了“绿色船舶”概念。随着国际节能减排法规和国内环保政策的不断发展，CCS 在 2018 年对《绿色船舶规范》中的绿色环保要求进行了全面梳理，重新解析绿色船舶定义以及绿色生态概念、定义和内涵，基于各种绿色技术的发展及应用实践经验，重新构建绿色船舶指标体系，并于 2019 年底正式推出全新升级版的《绿色生态船舶规范》。此外，CCS 还全面建立了能效设计、能效管理、能效认证、能效评估、能效计算、能效验证以及各种新颖技术船舶应用和检验的规范体系，助力船舶全面升级，促进并引领航运业高质量发展[21]。

5.2.2 我国绿色船舶技术发展存在的问题

经过多年发展，我国绿色船舶技术取得了长足的进步，基本满足现阶段IMO船舶节能减排要求，但面向未来更高绿色环保要求的前瞻性技术研究，如船用低碳/零碳燃料、新型动力装置与系统、碳捕捉技术等，仍与欧洲相关国家以及日本、韩国等存在一定差距，其主要原因体现在以下几个方面。

(1)缺乏关于绿色船舶发展的统筹规划。

2020—2030年是绿色船舶技术研发的关键时期，我国急需对标IMO船舶温室气体减排愿景和阶段性目标，从国家层面或行业层面，制定绿色船舶甚至零排放船舶的总体发展规划，包括对各种可能的低碳/零碳燃料的全产业链评估、绿色船舶技术研发内容和进度安排以及明确每种技术投入实际应用后的减排指标等。

(2)绿色船舶核心配套设备及技术的自主发展能力相对薄弱。

船舶配套产业是船舶工业的重要组成部分，其技术的发展对绿色船舶的发展起着关键作用。近年来，随着IMO对船舶节能环保要求的逐步提高，船舶节能减排配套设备和技术纷纷涌现，如气层减阻装置、风帆、风力助推转子等创新型节能技术和LNG双燃料发动机、燃料电池等新型动力装置，逐渐成为船用节能技术发展的主流趋势。而我国在船舶节能减排的关键配套技术领域，研发能力亟待全面加强，本土品牌产品竞争力薄弱，系统集成和打包供货能力不足，例如，创新型节能装置虽然已有应用，但与国外产品相比很难得到船东认可并选用；双燃料发动机、薄膜围护系统等仍依赖国外专利拥有者[5]。当前，国际竞争新格局对技术和产品的自主可控提出了更高要求，而我国绿色船舶配套设备及技术的自主发展能力无法满足船舶行业绿色化发展的需求，需要尽快在我国绿色船舶核心配套设备研发及“卡脖子”技术上取得突破，形成自主发展能力。

(3)绿色船舶技术创新及标准规范引领的动力和储备不足。

日本、挪威、英国以及欧盟等国家和地区一贯通过高效的技术研发来抢占国际领先技术高地，再通过主导国际相关公约和法规的制定来设置技术屏障,保持自身的技术领先地位。近年来,随着国际节能减排新公约、新标准、新规范的不断出台,我国也加强了应对力度,在工业和信息化部的领导下,成立了国际造船新公约规范标准工作机制办公室,面向我国船舶行业,提供国际海事技术信息动态,促进行业间交流。随着工作的不断推进,我国在部分国际海事新规则的制定过程中已经逐渐实现了从"被动接受"到"积极应对"再到"主动引领"的转变。但从整体而言,我国船舶工业对绿色船舶技术自主创新的能动性不足,对新技术应用的主动接受能力不强,导致数据积累不够完善,对国际节能减排立法谈判的支撑需进一步加强,以增强我国国际话语权,维护世界造船大国的形象。

5.3　我国绿色船舶产业发展现状与存在的问题

自从 2016 年全球造船与海洋工程两大市场同时低迷以来,我国政府出台多项政策帮助造船企业走出困境,加快资源整合优化,制定科技创新方向,积极推动产业转型升级。近年来,我国绿色船舶产业取得了长足的发展,造船三大指标国际市场份额始终保持世界领先,推出多型符合最新 IMO 能效规则要求的绿色船型,抢占造船订单,但由于外部市场环境的复杂严峻和新冠疫情带来的不确定性,面向未来市场份额、关键技术、建造模式、核心配套、技术服务、劳动力供应等方面的角逐,仍面临较大的挑战。

5.3.1　我国绿色船舶产业发展现状

(1)我国造船三大指标市场份额保持世界领先,但仍面临严峻挑战。

根据中国船舶工业行业协会的数据(表 5-1),2022 年,我国造船国际市场份额已连续 13 年居世界第一,造船大国地位进一步稳固,我国造船完工量、新接订单量、手持订单量以载重吨计分别占世界总量的 47.3%、55.2%和 49.0%,较 2021 年相比分别增长 0.1%、1.4%和 1.4%;以修正总吨计占世界总量的 43.5%、49.8%和 42.8%,同样保持全球领先[22]。船舶绿色化转型发展加速,产业链、供应链韧性和安全水平得到提升[22],但外部环境更趋复杂严峻和不确定性,在劳动力资源不足、部分进口配套设备价格上涨且供应更趋紧张、综合成本上升过快等压力下,未来发展形势依然严峻。

表 5-1　2022 年世界造船三大指标市场份额[22]

指标/国家		世界	韩国	日本	中国
造船完工量	万载重吨/占比	8 011	2 400	1 572	3 786
		100.0%	30.0%	19.6%	47.3%
	万修正总吨/占比	2 979	782	492	1 295
		100.0%	26.3%	16.5%	43.5%
新接订单量	万载重吨/占比	8 241	2 395	912	4 552
		100.0%	29.1%	11.1%	55.2%
	万修正总吨/占比	4 279	1 559	328	2 133
		100.0%	36.4%	7.7%	49.8%
手持订单量	万载重吨/占比	21 565	6 817	3 061	10 557
		100.0%	31.6%	14.2%	49.0%
	万修正总吨/占比	10 590	3 751	1 004	4 530
		100.0%	35.4%	9.5%	42.8%

图 5-4 给出了 2021 年世界主要建造国不同船型交付量统计数据对比图。从 2021 年的统计数据来看，国际造船格局加速分化，中韩两极争霸态势基本形成。我国与韩国围绕重点市场与船型争夺已经进入“白刃战”。在油船市场方面，与 2020 年相比，2021 年，韩国船厂所获油船订单大幅提升，由 38 艘、765.7 万载重吨增长为 59 艘、1 199.6 万载重吨，涨幅为 56.7%；我国油船接单量下跌 61%，仅获得 200.7 万载重吨的新船订单，国内企业在油船建造市场受到的冲击较大。我国仍是散货船建造大国，2021 年总计接单 226 艘、2 281.16 万载重吨，与 2020 年相比（以载重吨计）增幅达 154%。在集装箱市场方面，中韩两国开展激烈角逐，我国造船企业凭借自身优势，全年接单规模 309 艘、200 万标准箱，占全球市场 54%（按标准箱计），韩国企业紧随其后，2021 年接单规模为 152 艘、154.3 万标准箱，占全球市场份额 42%（按标准箱计）[23]。

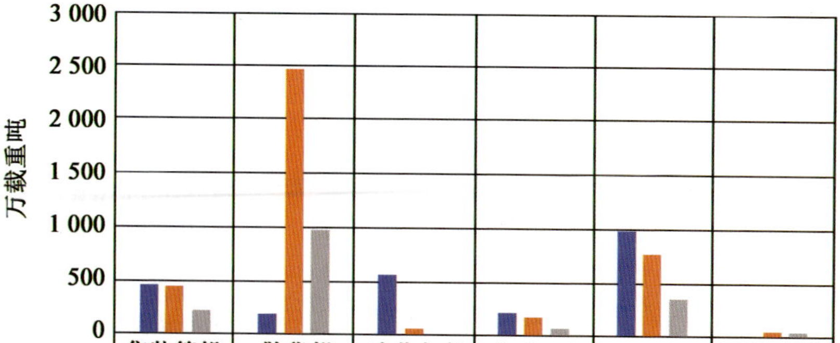

	集装箱船	散货船	液化气船	化学品船	油船	杂货船
韩国	457.72	180.25	570.24	214.14	988.73	0.6
中国	445.29	2 473.5	60.66	165.92	772.26	59.54
日本	222.85	978.46	17.15	72.82	356.98	45.9

■韩国 ■中国 ■日本

图 5-4　2021 年世界主要建造国不同船型交付量统计数据对比图[22]

2022 年，我国和韩国在集装箱船、气体运输船、油船等领域开展了激烈竞争。从目前的发展趋势来看，我国和韩国造船业未来发展战略重合度较高，未来将在环保船舶、智能船舶、极地船舶等领域开展创新竞争，我国需要加大资源投入以保障自身产业链和供应链的安全与稳定，力争超过竞争对手，保住并扩大市场份额。未来，我国和韩国围绕市场份额、关键技术、建造模式、核心配套、技术服务、劳动力供应等方面的角逐将更加激烈。

（2）我国三大主力船型能效指标水平在满足 IMO EEDI 第 3 阶段要求方面还存在差距。

IMO 船舶能效规则要求日趋严格，市场需求向环保智能型船舶集中。国际环保规范的生效给航运业与造船业带来了多重挑战，但也给行业创造了新的发展机遇，市场对新型绿色船舶、水动力节能装置、脱硫装备、压载水处理设备等绿色装备的需求明显增强。近年来，新建船舶除了加装尾气排放处理设备外，部分主力船型如超大型集装箱船、VLCC、成品油船、好望角型散货船等也在向 LNG 双燃料动力等清洁燃料动力转向。

近年来，得益于线型优化、高效螺旋桨设计、水动力节能装置等传统节能技术的广泛应用，我国设计、建造的三大主力船型能效持续提升。但是，随着 IMO 关于船舶能效要求的持续提升，我国三大主力船型在满足 IMO EEDI 第 3 阶段要求方面还存在差距。编者收集了我国建造的 312 艘典型散货船、液货船、集装箱船的 EEDI 数据，并分析了这三类船型达到的 EEDI 值随载重吨的分布曲线,如图 5-5、图 5-6 和图 5-7 所示[24]。

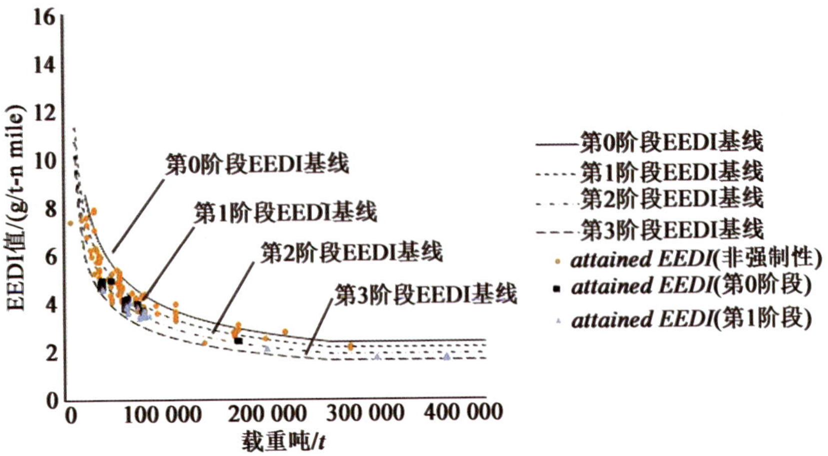

图 5-5 散货船子样达到的 EEDI 值随载重吨的分布曲线

从图 5-5 中可以看出,近年来建造的大部分散货船已经能满足 EEDI 第 2 阶段要求,但 20 万 t~27.9 万 t 的散货船在满足 EEDI 第 3 阶段要求方面还存在差距(仅用 1~2 项传统节能技术无法满足 EEDI 第 3 阶段要求)。以 21 万 t 级散货船为例,距离满足 EEDI 第 3 阶段还差约 6%。

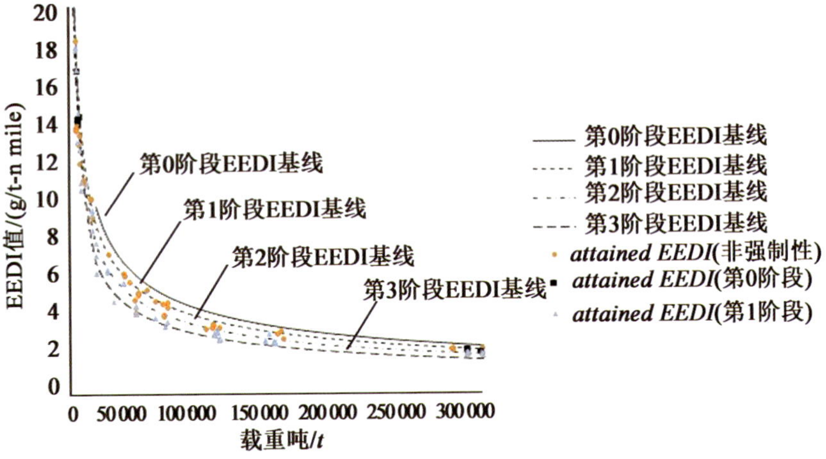

图 5-6 液货船子样达到的 EEDI 值随载重吨的分布曲线

从图 5-6 中可以看出,中小吨位液货船已经能满足 EEDI 第 3 阶段要求,16 万 t 以上液货船在满足 EEDI 第 3 阶段要求方面还存在差距(仅用 1~

2 项传统节能技术难以满足 EEDI 第 3 阶段要求)。以 16 万 t 油船、32 万 t VLCC 为例,距离满足 EEDI 第 3 阶段要求分别差约 4%和 8%。

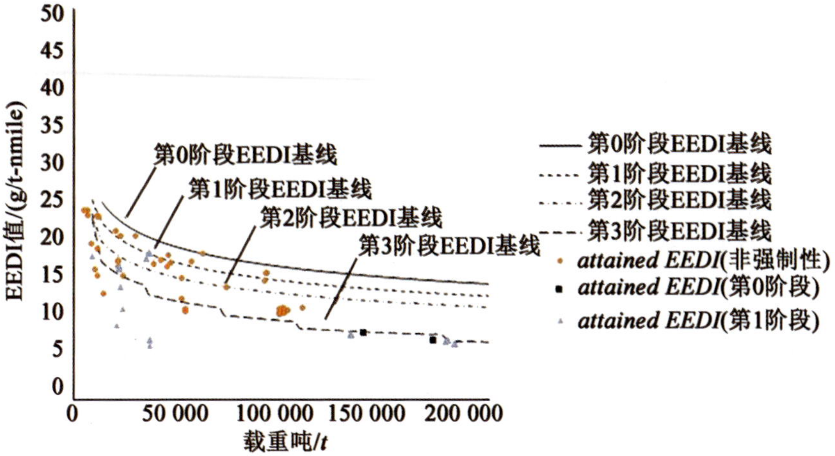

图 5-7　集装箱船子样达到的 EEDI 值随载重吨的分布曲线

从图 5-7 中可以看出,大型集装箱船满足 EEDI 第 3 阶段要求问题不大,但集装箱船 EEDI 第 3 阶段要求启动日期从 2025 年 1 月 1 日提前至 2022 年 4 月 1 日且折减系数根据其不同吨位均在原基础上有所提升,这给集装箱船满足 EEDI 第 3 阶段要求带来了严峻挑战。

(3)高端装备取得新突破,绿色动力船舶快速增长。

2022 年,我国船舶企业持续加大研发力度,在高技术船舶领域取得了新的突破。例如,24 000 TEU 集装箱船、17.4 万 m^3 大型 LNG 船等高端船型实现批量交船;国产首艘大型油轮实现主发电机动车重大节点;第 2 艘大型油轮顺利开工建造;30 万 t 级 LNG 双燃料动力超大型油船(VLCC)、20.9 万 t 纽卡斯尔型 LNG 双燃料动力散货船、4.99 万 t 甲醇双燃料动力化学品/成品油船等绿色动力船舶完工交付;全年新接订单中绿色动力船舶占比达到 49.1%,创历史最高水平[22]。

(4)绿色船舶配套产业发展迅速。

随着规范执行的日趋严格,市场对高效节能螺旋桨、水动力节能装置等绿色船舶配套产品的需求明显增强,绿色船舶配套产业发展迅速。随着我国大型和超大型螺旋桨设计技术、水动力节能技术的持续提升,相应船舶配套产品的市场份额逐步扩大。

国内超大型螺旋桨自主配套率达到 80%。在以 32 万 t VLCC 为代表的超大型船舶螺旋桨设计竞优中,国内自主设计的方案多次击败国外著名设计公司,这使得我国几大主流船厂终于配套上了达到国际先进水平的自主设计螺旋桨产品,其船型的产品竞争力得到了显著提升。以竞争最激烈的新一代 40 万 t VLOC 为例,全过程进行了多轮螺旋桨设计方案竞优,转战 MARINTEK、SSPA 多个国外试验室,先后在快速性试验、空泡试验中将日本、德国、芬兰等国际上最著名的螺旋桨设计公司淘汰,实现了 30 艘 40 万 t VLOC 高效螺旋桨的全部配套,进一步体现了我国在超大型船舶高效螺旋桨设计配套上的技术实力。

水动力节能装置自主配套率超过 70%。前置预旋导轮、消涡鳍等节能装置产品已成功应用于 40 万 t 超大型矿砂船、32.5 万 t 超大型矿砂船、30 万 t 超大型油轮、21 万 t 散货船、16 万 t 油轮、11 万 t 油轮、8.2 万 t 散货船、5.7 万 t 散货船、6.4 万 t 散货船、5 万 t 油轮、4 000 TEU 集装箱船、2 750 TEU 集装箱船等百余型不同类型的民用船舶,累计装船千余船套。2016 年,我国承接建造的 30 艘超大型矿砂船——40 万 t VLOC,占全国当年新造船市场订单的 30%,在低迷的船市下引发业界关注。我国团队历经 2 年攻关,研制的“高效螺旋桨+前置预旋导轮(CMES-PSV®)+消涡鳍(CMES-HVAF®)”尾部节能推进系统产品,以“安全、高效、最优节能”的优势成为唯一可行方案,击败国外众多竞争对手,赢得全部订单。2018 年,我国团队再次击败国外对手又赢得 20 余艘 32.5 万 t 超大型矿砂船的节能装置产品配套,再次展现了强大的技术实力。

5.3.2 我国绿色船舶产业发展存在的问题

我国绿色船舶产业取得了长足的发展,基本满足现阶段 IMO 对船舶节能减排的要求,但面向未来市场份额、关键技术、建造模式、核心配套、技术服务、劳动力供应等方面的角逐,还存在以下几个问题。

(1)绿色船舶设计技术依然不强。

绿色船舶设计技术依然不强主要表现在:①主流产品优化升级不足,主流船型在空船重量、油耗等技术指标方面比世界先进水平高出 3%以上;②高端产品自主设计能力未完全掌握,高技术高附加值船舶设计能力尚未完全掌控,产品竞争力与先进造船国家存在差距,部分船型尚未形成完全自主设计能力;③前瞻性产品设计存在空白,在新能源船舶、智能船舶、冰区船舶研发设计等方面基本处于跟随状态。

(2)我国船舶制造现有产能仍以低附加值、低技术含量的船型为主,部分高技术、高附加值船型产能不足。

我国完工船型中散货船占比 60%左右,三大主流货船占比超 90%,而 LNG 船、特种工程船、客滚船、豪华邮轮等高附加值、高技术船型则表现出产能不足。现代物流业对于作为传统航运业载体的船舶装备也提出了更新更高的要求,我国船舶工业正处于由大到强转变的战略关口,船海装备技术水平和创新能力仍有待进一步提高,工业产业结构需要进一步优化。

(3)部分关键核心配套设备存在“卡脖子”问题。

动力装备自主研发滞后。该问题主要表现在:①整机自主设计能力欠缺,现有技术储备不足以支撑新机型的自主开发,高效燃烧开发、电子控制等部分核心技术和系统仍依赖国外进口和技术支持,自主产品技术指标和可靠性与国外先进水平存在较大差距;②关键件和重要件产品研制尚未完全掌握,轴瓦、增压器、电控系统等关键件和重要件研发技术基础较差,研发能力薄弱,专业化程度低,设计技术受制于国外,尚未形成高质量的自主配套部件产品系列。

机电关键核心技术短板明显。该问题主要表现在:①主流产品技术存在短板,国产化机电设备平均装船率仍停留在 50%左右,原理性技术研究较为匮乏,材料、工艺、质量及可靠性、智能化水平、数字化服务等关键核心技术掌握程度不高,与国外同类产品相比,技术性能指标存在一定差距,产品可靠性差距更大;②高端产品研制技术存在空白,在大型液化气体运输船、极地船舶、豪华邮轮、深远海装备等高端领域,配套能力存在明显短板;LNG 船双燃料发电模块、电力推进系统,再液化及气体处理系统等重点设备系统全部依赖进口;大型高冰级大功率吊舱推进器、极地甲板机械及核心部件等尚未实现突破;豪华邮轮配套产业链严重缺位,相关产品研发和技术攻关尚未启动。

(4)造船企业生产效率、产品质量、成本消耗等方面与国际一流企业存在差距。

主流产品的建造周期、建造成本、产品质量和服务等方面还有较大提升空间,与日本、韩国的先进船舶企业相比,我国建造的主流船型的空船重量高 3%~10%、结构部件数多 10%~20%,造船效率仅为日本、韩国企业的 50%~80%。其主要原因在于:①制造模式升级缓慢,制造模式的数字化、网络化、智能化转变效果不明显,设计智能化、产品智能化、管理精细化和信息集成化制造模式的应用效率不高;原有的船舶制造模式理念难以适应新技术的发展需求,两化融合在船舶设计、制造、管理模式转型升级的创新应用受到一定阻碍;②智能制造核心技术缺乏,智能制造基础共性技术仍跟随国外,未掌握自主可控的解决方案和核心软硬件系统,数字化工艺设计能力不足,船舶建造装备与系统的自动化/智能化水平差距明显,造船过程管控缺少有效的数据支持,制造技术与信息技术的融合、集成度不高;③绿色制造技术储备不足,绿色制造技术仍存在空白领域,排放控制、环保材料、涂装、固废回收等关键技术研究和应用处于起步阶段,缺乏成体系绿色制造技术研究;技术基础储备依然不足,绿色技术应用效率不高,技术能力难以形成。

5.4 船舶绿色低碳发展思路

我国碳减排目标是"2030 年前实现碳达峰,2060 年前实现碳中和",船舶工业在这一目标实现过程中理应发挥积极作用。在当前以化石能源为主的能源结构下,是难以实现《巴黎协定》温控目标的。为了实现 IMO 在 21 世纪内消除航运温室气体排放这一目标,目前业界达成的共识是可以采用三大手段:一是能源结构转型升级,即面向低碳燃料(LNG、甲烷、甲醇、乙醇等)和零碳燃料(氢、氨、生物柴油等),积极开展船用替代燃料应用研究和绿色动力装置与系统的研发;二是对排放源的碳捕捉、封存和利用,即研发船上碳捕捉系统;三是应用节能增效技术,包括船型设计改进技术、发动机能量回收技术、螺旋桨能量回收技术等传统节能技术和船体表面空气润滑减阻技术、风力助推技术等创新型节能技术,通过提高能源利用率、减少能源消耗来实现减少温室气体和污染物的排放。

5.4.1 船用替代燃料

替代燃料是航运业实现 IMO 船舶温室气体减排战略目标的重要手段,也是降低船舶 NO_x 和 SO_x 排放的途径之一。目前,船用替代燃料主要有 LNG、甲烷、甲醇、氢、氨、生物柴油等。表 5-2 列出了可用替代燃料的物理特性及其应用的优点和缺点[4]。替代燃料在实船上的应用,需要从燃料生产、供应、加注以及船舶设计、建造、运营和维护的全产业链去规范和考虑。而且,每种替代燃料应用的技术成熟度、减排潜力、适用场景和能源的可获得性也存在差异，航运能源转型将是一项长期的系统工程。

表 5-2　可用替代燃料的物理特性、优点和缺点

燃料	单位热量的 CO_2 排放量 (HFO=1)	单位热量的液体燃料量 (HFO=1)	优点	缺点
LNG	0.74 (不考虑甲烷逃逸)	1.65	• 已投入使用 • 技术法规完备 • 体积能量密度高于氢和其他替代燃料	• 减少 CO_2 排放量有限 • 甲烷逃逸问题
甲烷 (CH_4)	0.71 (不考虑甲烷逃逸)	1.80	• 技术上可行，与 LNG 相同 • 可以使用 LNG 的基础设施 • 根据 IPCC 指南，在使用阶段，生物甲烷被视为碳中和	• 甲烷逃逸问题 • 目前，IPCC 指南没有明确规定将碳回收甲烷定义为碳中和
甲醇 (CH_3OH)	0.90	2.39	• 已有甲醇船交付使用 • 易于处理，无须低温储存和绝热 • 根据 IPCC 指南，在使用阶段，生物甲醇被视为碳中和	• 需要的燃料量大，约为 HFO 的 2.4 倍 • 存在潜在的甲醇、甲醛等非常规排放问题 • 在可燃性和提高发动机输出方面存在技术难点 • 目前，IPCC 指南没有明确规定将碳回收甲醇定义为碳中和

表 5-2(续)

燃料	单位热量的 CO_2 排放量(HFO=1)	单位热量的液体燃料量(HFO=1)	优点	缺点
氢(H_2)	0	4.46	• 零碳排放 • 已应用于小型船舶(氢混合燃料内燃机、燃料电池) • 已应用于陆上锅炉和燃气轮机	• 需要的燃料量大,约为HFO的4.5倍 • 储存稳定性方面存在技术难点(液氢需在零下253 ℃的条件下运输和存储) • 加注基础设施尚待开发 • 燃料加注技术不成熟 • 燃烧控制方面存在技术难点
氨(NH_3)	0(不考虑N_2O排放时)	2.72	• 零碳排放 • 已应用于燃气轮机	• 需要的燃料量大,约为HFO的2.7倍 • 排放NO_x特别是排放N_2O(其温室效应约为CO_2的300倍) • 有毒性 • 在可燃性(需掺入助燃剂混烧)和提高发动机输出方面存在难题
生物柴油	0	1.2以下	• 根据IPCC指南,在使用阶段,生物柴油被视为碳中和 • 在陆上处于商用水平	• 储存稳定性方面存在技术难题 • 供应量和价格存在季节性波动,且由于其他行业的需求旺盛,因此运输的可用性可能较低

5.4.1.1　LNG

天然气是以碳氢化合物为主的气体混合物，其具有无色、无味、无毒、无腐蚀等特性。纯天然气的成分以甲烷为主（含量一般在 90%以上），还含有少量乙烷、丙烷、丁烷、戊烷等低碳烷烃和二氧化碳、硫化氢、氮以及微量的氦、氖、氩等稀有气体。作为含碳量最低的化石燃料，液化天然气（LNG）在减少温室气体（CO_2）和大气污染物（NO_x、SO_x 和颗粒物）排放方面极具优势。与以柴油为燃料的同类型船舶相比，以 LNG 为燃料的船舶可以减少 CO_2 排放 15%～25%，减少 NO_x 排放 85%～90%，减少 SO_x 和颗粒物排放几乎可达 100%。因此，LNG 是现阶段解决国际航运温室气体排放最有效的过渡性替代燃料。

目前，LNG 已应用于集装箱船、油船、散货船、邮轮和客渡船等主要船型。据报道，截至 2022 年 1 月底，已订购和运营中的 LNG 动力船总数已达到近 700 艘[31]。

LNG 的体积能量密度高于氢、氨、甲烷、甲醇、乙醇等其他替代燃料，且具有技术成熟度高、法规完备性好等优点，是目前应用最为广泛的船用替代燃料。综合考虑 LNG 的能源可供性、技术先进性、环境协调性和经济合理性，船用 LNG 的整体发展还面临以下挑战。

（1）LNG 燃料成本是 LNG 动力船营运成本的决定性因素。不同季节、不同地区的 LNG 气源供应不稳定、定价机制也不统一，因此 LNG 价格波动较大，导致船东难以形成稳定预期，这些因素在一定程度上会影响船用 LNG 的整体发展。

（2）LNG 中含有碳元素，对减少 CO_2 排放量的贡献度有限。国际气体燃料动力船协会（SMGF）最新报告结论表明，通过技术改进升级使得甲烷逃逸降至最低水平，LNG 作为船舶燃料在船舶的全生命周期内减少的温室气体排放最高可达 24%[32]。但是，LNG 发动机在燃气模式下运行时会产生甲烷逃逸，甲烷的温室效应约为 CO_2 的 30 倍，对全球温室效应的影响反而更大。因此，一方面，需要改进气体燃料燃烧技术、研发逃逸甲烷后处理技术，进一步降低甲烷逃逸量；另一方面，LNG 的制取途径需要转向生物质和可再生电力，从源头上将天然气化石燃料转化为生物天然气、合成天然气等可再生燃料，真正实现碳中和。

5.4.1.2　甲烷

甲烷（CH_4）作为船用燃料，在技术实现方式上与 LNG 相同，且可以使用

LNG 的基础设施，因此也是航运业实现温室气体减排中期目标的有效替代燃料。它同样需要通过改进气体燃料燃烧技术、采用尾气后处理技术以解决甲烷逃逸问题；同时，随着甲烷制备技术的不断发展，未来采用生物甲烷、合成甲烷作为船用燃料，可以真正实现碳中和。

生物甲烷可以来自有机物，也可以来自农业、食品生产和废物处理的残渣。根据《2006 年 IPCC 国家温室气体清单指南》（以下简称为“IPCC 指南”），在使用过程中，生物甲烷被视为碳中和燃料。2021 年 4 月，法国达飞集团在欧洲投资了 1.2 万 t 生物甲烷生产线，可为以圣彼得堡港和鹿特丹港为始发港的 2 艘 1 400 TEU 型 LNG 动力集装箱船提供全年的燃料。据介绍，与传统船用燃料油相比，生物甲烷燃料从生产到船舶消耗的过程中，可至少减少 67%的温室气体排放。

合成甲烷可通过将工业生产过程中产生的 CO_2 与可再生能源电解水制得的 H_2 进行催化反应后合成得到，因此也被称为“碳回收甲烷”。图 5-8 所示为日本商船三井株式会社（MOL）与碳捕捉及再利用研究集团（CCR）提出的利用甲烷化技术制造碳回收甲烷的流程图[4]。尽管目前 IPCC 指南没有明确规定将碳回收甲烷视为碳中和，但因其制备过程的可再生性，合成甲烷依然受到了广泛关注。德国的一项研究表明，在航运中，通过使用可持续生产的可再生甲烷，可以将温室气体排放量减少 35%～80%[33]，减排潜力巨大。

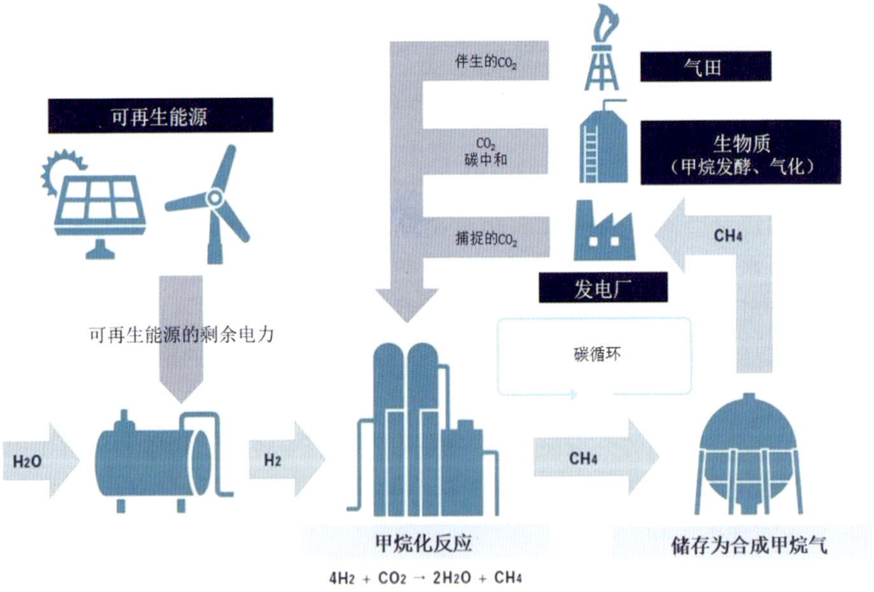

图 5-8　利用甲烷化技术制造碳回收甲烷的流程图[4]

5.4.1.3　甲醇

甲醇(CH_3OH)在常态下是处于液相的燃料,可以利用煤、天然气、焦炉气等原料制备化石基甲醇,也可以通过 CO_2 和 H_2 反应合成为绿色甲醇和生物质甲醇(图 5-9)。与 LNG 相比,甲醇不需要低温储存和绝热,因而燃料舱的设计和建造非常简单,成本大大降低。甲醇燃料与传统船用柴油相比,可以实现温室气体减排约 6%~10%[34],且不含硫、苯等物质,只含有极少的颗粒,SO_x 排放(来自于引燃剂)和颗粒物排放可降低 99%;采用后处理或甲醇加水乳化技术后,NO_x 排放可满足 IMO Tier Ⅲ要求。因此,甲醇作为目前限硫令合规燃油之中唯一能够从本质上达到 NO_x 排放 Tier Ⅲ标准要求的燃料,是内燃机最有前景的液体替代燃料之一。

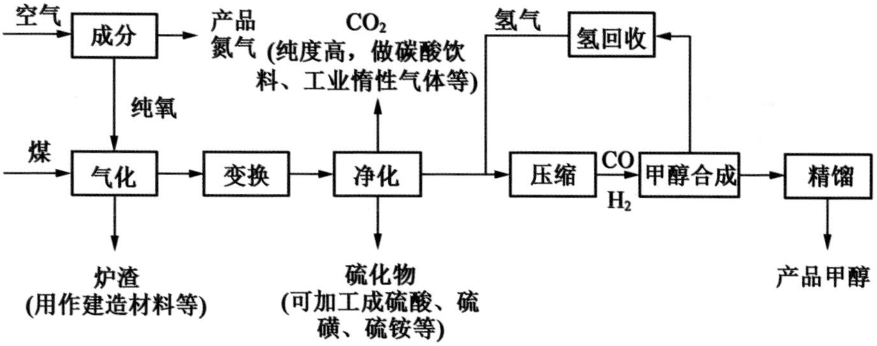

图 5-9　甲醇制备流程

早在 2015 年,英国、瑞典等国家就对甲醇用作大型船舶内燃机燃料进行了多次实践。Stena Line 公司旗下的"Stena Germanica"号载客渡轮于 2015 年年初被改造为能够使用甲醇燃料,并投入德国基尔港和瑞典哥德堡港之间的路线运营。改造后,该船采用甲醇作为主要燃料,也可使用船用轻柴油(MGO)作为备用燃料。该载客渡轮改造后的多年成功运营,证明了甲醇作为船舶商用燃料的可行性。目前,国际上已有 20 余艘甲醇燃料动力船(包括甲醇运输船、车客渡船、引航船等)在运营中。

甲醇已被证明是一种安全、可靠和成本效益高的船用燃料,但要实现甲醇燃料在船上的广泛应用,仍需克服船舶布置、非常规排放问题、安全防护等诸多挑战。

(1)与传统的重燃料油(HFO)相比,产生同等热量所需的甲醇燃料量约为 HFO 的 2.4 倍,这就意味着甲醇动力船需要更大的燃料储存舱,进而影响货舱的容积。据估计,甲醇燃料舱的体积接近燃油舱的 2 倍,比 LNG 燃料舱大 20%左右[35]。此外,需要设置隔离舱对甲醇燃料舱进行保护,且燃料舱距离舷侧的要求高于对甲醇货舱的要求。这些都给船舶总体设计和运营成本带来一定影响。

(2)需要深入研究甲醇发动机的非常规排放问题。甲醇发动机排气中含有未燃甲醇、甲醛和甲酸等非常规排放物,容易带来二次污染。而目前对于这类非常规排放的机理、规律的研究相对较少。

(3)甲醇作为船用燃料存在燃爆、毒性等风险,而且甲醇的含碳量较低,对金属有较强的腐蚀性,对塑料和橡胶有溶胀作用,由此会给气门和气门座、火花塞电极、塑料橡胶件、喷油泵零件和高压油管等部件带来不利影响[36],需要从泄漏监测、人员防护、材料选择、船员培训、消防设施等方面采取措施来合理控制风险。

(4)目前甲醇的主要来源是由天然气、煤生产的"灰色"甲醇。随着技术的不断发展,甲醇制取途径需要转向以可持续生物质(如林业和农业废弃物、垃圾填埋场的沼气、污水、城市固体废弃物等)为原料生产的生物甲醇以及通过电解来自可再生能源的"绿色"氢气与来自碳捕捉的二氧化碳相结合生产的"绿色"甲醇,真正实现碳中和。

5.4.1.4 氢

氢(H_2)燃烧后只产生水,是一种绿色、清洁、高效、来源广泛的二次能源。氢在船上的应用目前处于起步阶段,从长远来看,氢燃料是航运业零排放解决方案的重点发展方向。

氢的生产成本主要取决于制取方法。世界能源理事会将氢能划分为灰氢、蓝氢和绿氢,分别对应于化石燃料制氢(蒸汽甲烷重整或煤气化)、化石燃料制氢加碳捕捉封存、可再生能源电解制氢等 3 种制氢方式,如图 5-10 所示。

在实船应用方面,氢可直接作为发动机燃料,也可作为燃料电池的燃料。氢燃料内燃机的工作原理与传统柴油机的工作原理相似,氢气在气缸内燃烧推动活塞做功,输出机械功,带动螺旋桨旋转,为船提供动力。目前,氢燃料内燃机的有效热效率为 35%~45%,相对传统内燃机具有更高的热效率(普通内燃机热效率约为 30%~40%)[37]。氢燃料电池是以氢气作为还原剂、以氧气作为氧化剂进行电化学反应,直接将化学能转换为电能,不需要热能和机械能的转化，因此能量转换效率高于普通内燃机。在理论上，氢燃料电池的效率能达 100%，实际效率已达 60%～80%，是普通内燃机热效率的 2～3 倍[38]。

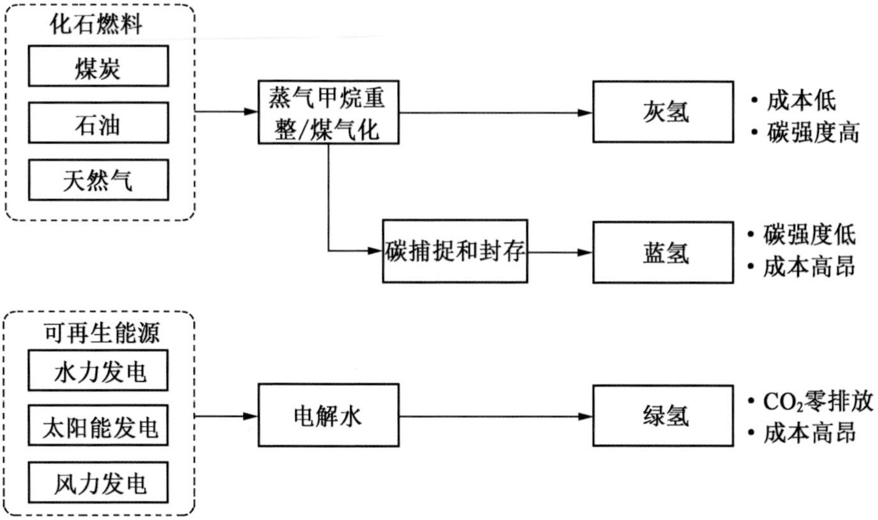

图 5-10　氢能获取方式

氢燃料作为当前最受关注的清洁能源之一，已经在船舶领域得到应用，其在船上的应用主要集中在排放控制区域内的内河、近海和短距离运输以及用于辅机和/或非推进负载，但要想广泛应用于船舶动力，在燃料供给、存储、运输、使用安全、燃烧控制等方面还存在挑战。

（1）与传统的重燃料油（HFO）相比，产生同等热量所需的氢燃料量约为 HFO 的 4. 5 倍，同时，液氢零下 253 ℃的存储条件也需要配备绝缘隔热系统，这意味着氢燃料船需要更大的燃料储存舱，从而影响载货量，这给船舶总体设计和运营成本带来一定影响。

（2）氢燃料的存储和运输存在技术难点。一是需要解决“氢脆”问题，液氢具有较高的渗透性，会导致氢融入金属合金中，造成应力集中，使其强度变差导致脆化甚至开裂，对存储舱和管路系统的材料有特殊要求；二是液氢需在零下 253 ℃的条件下低温存储，技术难度很高；三是目前的高压储氢技术的储氢密度较低，无法满足远洋运输船舶对燃料续航力的要求，需要发展能量密度更高的液化储氢技术，如金属氢化物储氢、液体有机化合物储氢等。这也是未来船舶行业大规模应用氢能急需突破的技术瓶颈。

(3)由于氢气的易燃易爆和液氢的低温、氢化等特性,液氢在使用过程中面临诸多风险。例如,氢气在空气中的爆炸极限(体积浓度)为4%~75%,远远宽泛于其他所有船用替代燃料;液氢加注和汽化使用时也存在泄漏、冻伤、火灾、爆炸等风险,应用氢燃料对船舶防火防爆性能提出了更高的要求。

(4)氢的燃烧控制方面存在技术难点。由于氢气燃烧的火焰传播速度快、最小点火能量低、在空气中的燃烧限极宽,氢燃料内燃机存在爆燃、早燃、回火等问题,这也是氢燃料内燃机推广的技术瓶颈[39]。

(5)氢燃料的加注基础设施有待开发,燃料加注技术也还不成熟。与陆上车用加氢相比,船舶加氢具有加注量大、持续时间长的特点,不能简单地采用陆用加氢枪,需要采用更加可靠的加注连接方式,同时需考虑船岸之间紧急切断的联动功能和紧急脱开的需求。

5.4.1.5 氨

氨是一种零碳燃料,常温下为无色易燃液体,具有刺激性恶臭气味。氨具有能量密度较高、易液化(常压下零下33 ℃或常温下加压到0.9 MPa)、易于存储和运输等优点,便于在船上应用。

氨的主要制取途径是氮气和氢气在高压、高温和催化剂作用下合成制取。所以,氨的制取方法对应于氢的制取方法,其生产成本也主要取决于氢的生产成本。氨能也可分为灰氨、蓝氨和绿氨。

在实船应用方面,氨可直接作为发动机燃料,也可作为燃料电池的燃料。其中,氨燃料内燃机是通过液氨在内燃机中直接燃烧提供动能,而氨燃料电池是通过船上重整器从氨中提取氢(H),进而通过燃料电池进行电化学转化,为船舶提供动力。同时,氨还可作为固体氧化物燃料电池、碱性燃料电池及碱性膜燃料电池,利用已有的燃料电池技术,在催化剂的作用下,氨燃料在相同的温度下能够达到与氢燃料相近的功率密度,因此氨被认为是可替代氢用于燃料电池的理想燃料[40]。

目前,氨燃料在船舶行业应用仍面临以下挑战。

(1)与传统的重燃料油(HFO)相比,产生同等热量所需的氨燃料量约为HFO的2.7倍,这就意味着氨燃料船需要更大的燃料存储舱容,从而影响货物的存储和运输;氨燃料呈碱性,较易发生应力腐蚀,对某些材料具有腐蚀性,需要设置相应的防护措施。这些都给船舶总体设计和运营成本带来一定影响。

(2)氨燃料在内燃机中不完全燃烧时会产生 NO_x 特别是 N_2O。目前氨燃料内燃机的 NO_x 排放无法满足 Tier Ⅲ要求,需要配合尾气脱硝装置一起使用;而 N_2O 的温室效应约为 CO_2 的 300 倍,因此需要重点关注尾气处理问题。

(3)氨燃料具有一定毒性,目前在《国际散装液化气体船舶构造与设备规则》(IGC 规则)框架下,液氨运输船不允许以货物作为燃料;在《使用气体或其他低闪点燃料船舶国际安全规则》(IGF 规则)框架下,目前适用的燃料也不包括氨燃料。因此,目前氨作为船舶燃料还缺乏技术法规支持,需要进一步研究制定详细的监管框架和分类规则。

(4)在氨燃料的燃烧控制方面,与常规碳氢燃料相比,氨的层流燃烧速度和热值均比较低,点火需要的能量较高,可燃性极限范围较窄,需要开发先进的氨燃烧技术,以解决氨燃料在内燃机中火焰传播速度低、燃烧范围较窄等问题。

5.4.1.6　生物柴油

生物柴油是由植物油、动物油、废弃油脂或微生物油脂与醇类化合物经酯交换或催化加氢后形成的。目前,受到业界关注且有一定实船应用经验的生物柴油主要是第一代生物柴油“脂肪酸甲酯(FAME)”和第二代生物柴油“氢化植物油(HVO)”。FAME 通过酯交换生产,技术成熟,是目前国内外生物柴油的主要品种。但由于 FAME 成分与石化柴油差异较大,在氧化稳定性、腐蚀性、低温流动性等方面存在一定问题,不能完全替代石化柴油,需按照一定比例添加使用,目前船用燃料油国际标准仅允许其规定体积比例内(7%)与船用轻柴油(MGO)掺混使用。HVO 是在一代基础上进行了加氢脱氧处理和异构化处理得到的,其结构和性能更接近于石化柴油,无须与石化柴油掺混就可以在现有柴油机中兼容使用,也可以按任意比例掺混使用。在生物质原料相同的情况下,由于加氢处理的成本高于酯化反应,因此 HVO 价格高于 FAME。

生物柴油的燃烧特性几乎与传统柴油相似,甚至在冷凝点、含氧量等理化性能方面均优于传统柴油[41]。生物柴油虽然在燃烧过程中仍然会排放 CO_2,但其原料来自生物质的油脂,而油脂中的碳来自于空气中的 CO_2,因此,根据 IPCC 指南,在使用过程中,生物柴油被视为碳中和。研究结果表明,与传统柴油相比,在船用发动机上使用生物柴油混合物后会减少 SO_x、CO、CO_2、颗粒物及碳氢化合物的排放,但高燃烧速率提高了缸内温度进而促

进了 NO_x 的排放[41]。应用生物柴油时需要特别关注 NO_x 的排放和后处理问题。

生物柴油在陆上交通中已处于商用水平,但在船上的应用较少,只有日本商船三井株式会社等公司进行了生物柴油的应用实践。

生物柴油生产需要大量的生物质原料,其价格受生物质原料供应影响,而植物类生物质原料的供应量和价格可能存在季节性波动且会影响食品行业,餐厨废油等油脂类生物质原料的供应量较为有限,这些因素导致生物柴油的供应量和价格存在季节性波动。而且,陆上交通行业对生物柴油的需求旺盛,未来生物柴油的产量能否满足航运业的需求还未可知。

5.4.2 绿色动力装置与系统

替代燃料在船舶上的应用促进了船舶动力装置与系统的创新与变革。传统内燃机持续发展,不断扩大替代燃料适用范围;燃料电池、锂电池、混合动力系统在船舶上的应用也越来越多。

5.4.2.1 内燃机

内燃机作为传统的船舶动力装置,在转化效率、功率范围、技术成熟度、经济性等方面具有综合优势。近年来,国内外积极开展了各种替代燃料内燃机的研究与实践。

天然气内燃机技术已基本成熟。天然气-柴油双燃料发动机在集装箱船、油船、散货船、邮轮和客渡船等主要船型上已经具有较丰富的实船应用经验。天然气-柴油双燃料发动机是在原柴油机基础上改装的,既可使用天然气(以少量柴油引燃)又可使用柴油作为燃料的一种发动机。与传统的发动机相比,LNG 双燃料发动机在运行经济性、废气排放、冗余度、可靠性等方面都有较大改善。目前,业界正在围绕甲烷排放控制、动态特性优化等关键技术开展研发和优化。

甲醇燃料内燃机在甲醇运输船、车客渡船、引航船等船型上已有少量工程实践。MAN 公司基于 ME-GI 机型开发了 ME-LGI 型甲醇-柴油双燃料低速二冲程发动机,并已在数艘甲醇运输船上投入应用;瓦锡兰公司开发的 Wartsila 32 甲醇发动机也获得了数艘风电安装船的主机订单。甲醇和现有的液体船用燃料类似,而且在操作方面比 LNG 简单得多,甲醇动力发动机的改装成本只有 LNG 动力的 25%。目前,业界正在围绕满足 IMO Tier Ⅲ 要求

的 NO_x 排放控制方案以及未燃甲醇、甲醛和甲酸等非常规排放控制问题开展技术攻关与研发。

氢-柴油双燃料内燃机在小型客船、渡轮上已有应用案例。比利时海事集团（CMB）于 2017 年推出了全球第一艘通过认证的柴油和氢双燃料动力内燃机客船“Hydroville”号，该船配备了两台总功率为 441 kW 的双燃料发动机（H2ICED）；2021 年又推出了全球第一艘氢动力渡轮“Hydro Bingo”号，该船配备了两台氢-柴油双燃料发动机 Hypenta DB-1000，每台发动机最大持续输出功率为 441 kW。兆瓦级氢-柴油双燃料中速机目前处于研发阶段，业界正在针对氢气燃烧时火焰传播速度快、最小点火能量低、燃烧限极宽等特性带来的爆燃、早燃、回火等问题，重点开展氢燃料燃烧控制技术攻关。

氨燃料内燃机正在研发中，重点针对氨燃烧时自然温度高、火焰传播速度慢、燃烧范围较窄以及有害氮氧化物排放等问题，开展氨燃烧控制与排放控制技术攻关与研发。MAN 公司和瓦锡兰公司均计划在 2024 年左右推出氨燃料发动机，并参与了全球多个氨燃料船舶研发项目。

5.4.2.2　燃料电池

燃料电池是基于电化学反应将燃料的化学能直接转化为电能的装置，与内燃机相比，具有能量转化效率高、低排放、低噪声、模块化、燃料选择多样性等优点，是未来船舶动力装置的发展方向之一。

根据工作温度的不同，燃料电池可以分为：①低温燃料电池，工作温度范围一般是 25～100 ℃，如碱性燃料电池（AFC）、质子交换膜燃料电池（PEMFC）、直接甲醇燃料电池（DMFC）等；②中温燃料电池，工作温度范围一般是 100～500 ℃，如磷酸型燃料电池（PAFC）、高温质子交换膜燃料电池（HT-PEMFC）等；③高温燃料电池，工作温度范围一般是 500～1 000 ℃，如熔融酸型燃料电池（MCFC）、固体氧化物燃料电池（SOFC）等。

不同燃料电池使用的燃料种类和主要特性见表 5-3[42]。AFC 是最早开发的燃料电池技术，具有启动快、效率高、价格低廉的优点，多用于小型的固定发电装置。PAFC 作为一种中温燃料电池，具有发电效率高、适应多种燃料、部分负荷特性好等优点，但由于成本高，主要作为区域性电站来现场供电、供热。MCFC 工作温度较高，对燃料的纯度要求相对较低，可以对燃料进行电池内重整，且不需要贵金属催化剂，成本较低，电池排放的余热温度高达 400 ℃，可以回收利用，多用于固定电站，也可用于船舶电站。SOFC 也是一种高温燃料电池，可不必使用贵金属作为催化剂，直接使用氢气、LNG、甲醇等作燃料，具有较高的电流密度及功率密度，且能提供高质余热，热电联供效率可达 85%。PEMEC 工作温度低、启动快、比功率高，但需要使用高纯度氢气，而现阶段较成熟的高压气态储氢技术的能量密度较低，难以满足远洋船舶续航里程要求，其主要局限在内河和近海应用。HT-PEMFC 是新发展的 PEMFC 技术，可以直接使用 LNG、甲醇、氨等富氢燃料重整制取的氢气，适用燃料范围广，在船舶上开展过示范应用，但目前功率较低，具有一定的发展潜力。DMFC 具有系统结构简单、体积能量密度高、启动时间短、负载响应特性佳等优点，但对铂的需求量更大，目前多用于便携式移动电源、小型信息终端等。

相比较之下，MCFC、SOFC、PEMEC 和 HT-PEMFC 是船海领域中最有前景的燃料电池技术路线。内河、沿海船舶航程较短、靠港频次较高且机动操纵工况较多，PEMEC 工作温度低、启动快、动态特性较好且技术成熟，将成为内河、沿海燃料电池动力船的主要技术路线。远洋船舶载重吨位较大，续航里程要求高，需要采用能量密度相对较高的富氢燃料。以 MCFC 和 SOFC 为代表的高温燃料电池对氢气纯度要求不高，采用余热回收后系统整体效率可提高至 85%，且功率正在向兆瓦级突破，是未来更适用于远洋船舶的技术路线。

5.4.2.3 锂电池

锂电池作为一种可充电的电池，主要由正极材料(锂化合物)和负极材料(人造石墨、天然石墨等)组成，其充放电过程依靠 Li^+ 离子的嵌入和脱嵌完成[43]。目前用作动力源的锂电池，按照电芯材料分类，主要有磷酸铁锂电池、三元锂电池(镍钴锰酸锂电池)、锰酸锂电池、钛酸锂电池等。各类锂电池参数见表 5-4[44]。

在船舶动力电池的应用中，锂电池的能量密度和安全性是最受关注的两个性能。由于锰酸锂电池和钛酸锂电池的能量密度相对较低，因此，磷酸铁锂电池和三元锂电池是船舶动力电池的首选。磷酸铁锂电池具有安全性能高、循环寿命长、热稳定性好等优点，其缺点主要是低温性能相对较差、正极材料振实密度小。磷酸铁锂电池经过多年发展，技术已相当成熟，在船舶领域的应用发展较快。与磷酸铁锂电池相比，三元锂电池具有电压平台高、能量密度高、振实密度高等优点，但其热稳定性、循环寿命、安全性等相对较差，存在热失控的安全风险，在电池管理系统方面需要投入更多资金。

表 5-3　不同燃料电池的主要特性[42]

燃料电池种类	使用燃料	重整装置	单模块功率	燃料电池转换效率	热电联供效率	工作温度
碱性燃料电池(AFC)	高纯氢气	无	500 kW	50%～60%	—	65～220 ℃
磷酸型燃料电池(PAFC)	氢能、LNG、甲醇、其他烃类燃料	无,需单独配备	100～400 kW	40%	80%	约 200 ℃
熔融酸型燃料电池(MCFC)	氢能、LNG、甲醇、其他烃类燃料	有,无须单独配备,集成在电池内部	500 kW	50%	85%	600～700 ℃
固体氧化物燃料电池(SOFC)	氢能、LNG、甲醇、其他烃类燃料	有,无须单独配备,集成在电池内部	20～60 kW(单模块),陆上装置最大可达 10 MW(多模块)	60%	85%	600～700 ℃
质子交换膜燃料电池(PEMFC)	氢能	无	120 kW	50%～60%	—	50～90 ℃
高温质子交换膜燃料电池(HT-PEMFC)	氢能、LNG、甲醇、其他烃类燃料	有,需单独配备	30 kW	50%～60%	—	约 200 ℃
直接甲醇燃料电池(DMFC)	甲醇	无	5 kW	20%	—	50～120 ℃

① 使用氢为燃料时,无须配备重整装置。

② 热电联供效率为配备了热能回收系统后的理论计算值。

③ 理论上,使用除氢以外的燃料时需单独配备重整装置,但缺乏实际项目验证。在仅有一例的实船项目中,使用了金属氢化物作为氢源。

表 5-4 各类锂电池参数

序号	参数	磷酸铁锂	三元锂	锰酸锂	钛酸锂
1	工作温度(充电)	0~45 ℃	-10~40 ℃	-10~40 ℃	-30~55 ℃
	工作温度(放电)	-20~60 ℃	-20~55 ℃	-20~55 ℃	-30~55 ℃
2	能量密度/Wh · kg^{-1}(能量型)	140	240	160	80
	能量密度/Wh · kg^{-1}(功率型)	60	80	70	50
3	功率密度/Wh · kg^{-1}(能量型)	0.2	0.2	0.2	1
	功率密度/Wh · kg^{-1}(功率型)	2	2	2	10
4	标称电压/V	3.2	3.8	3.8	2.3
5	循环寿命 80%/次	≥3 000	≥2 000	≥1 500	≥10 000
6	安全性	高	中	中	高

锂电池在船舶上的应用主要有两种形式:纯锂电池动力系统和基于锂电池储能装置的混合动力系统。受锂电池能量密度、安全性、成本等因素制约,纯锂电池动力系统的应用相对较少,仅限于渡船、小型客船、小型货船、巡逻船、游船等短航程船舶;基于锂电池储能装置的混合动力系统的应用形式更为广泛。随着环保要求的不断提高,电动船舶将成为未来内河船舶行业发展的重点。而随着未来锂电池能量密度和安全性的提升,锂电池的两种应用形式将结合自身特点和适用场景并行发展。

5.4.2.4 混合动力系统

随着新能源技术的发展,船舶动力系统正由单一的柴油机系统逐渐向混合动力系统方向发展。船舶混合动力系统是指配备了两种或两种以上动力源作为船舶推进动力的系统,通过传动装置耦合柴油机(或气体机)与电机来驱动,或者具有一种以上电力来源(如柴油机发电、气体机发电、燃料电池、太阳能、风电、锂电池、超级电容等)的电动机来驱动[45]。目前通常意义上的船舶混合动力系统主要是指通过发动机和电动机来驱动螺旋桨的动力系统,其中电动机一般由发电机组、燃料电池或储能装置等驱动,而储能装置主要有以锂电池或蓄电池为代表的能量型储能装置和以超级电容为代表的功率型储能装置。

混合动力系统能够充分利用多动力源互补的优势,采用多目标匹配、多能量调度、多模式优化等手段,根据船舶工况灵活调整运行模式,实现船舶多工况优化匹配,有效提升动力系统综合能效、冗余性和安全性,并降低燃油消耗、减少污染排放,具有运行工况灵活、低负荷燃油经济性好、冗余性高、节能效果佳等优点。目前,已经在车客渡船、拖轮、游艇、公务船、科考船、内河货船上得到应用。

随着电池技术的快速发展,基于储能装置的混合动力系统已成为目前最具优势与潜力的动力系统形式。由于单一的能量型或功率型储能装置难以兼顾混合动力船舶电力系统中瞬时大功率需求及持续稳定工况用电需求,目前的研究方向逐步趋向于采用锂电池/超级电容混合储能装置,其核心问题是解决储能装置的容量优化配置和协调控制等。

5.4.3　船上碳捕捉、利用与封存技术

碳捕捉、利用与封存(carbon capture, utilization and storage,简写为“CCUS”)是将 CO_2 从排放源中分离后直接加以利用或封存,以实现碳减排的过程。CCUS 技术是未来实现大规模碳减排的重要技术手段,对于航运界的绿色低碳转型发展具有重要意义。目前,CCUS 技术已在陆上火力发电、煤化工、油田开发、水泥生产等行业得到试点应用;船上 CCUS 技术的研究尚处于起步阶段,欧洲、日本、中国等地区和国家均开展了相关研究。欧洲早在 2010 年就进行了船用碳捕捉系统的可行性研究,并在 2020 年开展了船用低温碳捕捉技术解决方案研究;日本积极布局碳捕捉、碳回收等技术研发,以陆上设备为基础,经调整后,于 2021 年 10 月在一艘煤炭运输船“CORONA UTILITY”号上成功完成了全球首次船用 CO_2 捕捉装置实证测试;我国也已着手开展船用碳捕捉与封存技术的研究、开发应用和实船示范合作。

船上 CCUS 技术一般由 CO_2 捕集、CO_2 分离、CO_2 液化存储和 CO_2 利用封存等 4 部分组成。首先,尾气进入 CO_2 吸收塔与捕集吸收液发生接触,经脱碳洗涤后从塔顶排出。然后,捕集了 CO_2 的吸收液进入分离塔,在高温下气态 CO_2 从吸收液中析出,经降温、压缩、干燥、制冷后转化为液态储存到储罐中,而脱碳后的吸收液则经冷却换热后返回吸收塔中进行下一循环。最后,对储存的液态 CO_2 进行利用封存,可以在港口转移至 CO_2 运输船,或运输到工厂中作为化工品的原料,或运输到海洋指定位置进行封存,也可以制

成干冰投入海底封存[32]。

船舶尾气成分复杂，CO_2 浓度较低且空间有限、环境恶劣（高温、高湿、高盐、振动等），CCUS 技术在船上的应用不能简单地移植陆上设施，需从提高 CO_2 捕捉率、减小装置尺寸、降低成本和能耗等方面优化系统的应用性能，在技术水平、船舶布置、经济性等方面存在诸多挑战。

（1）船上 CCUS 技术一般采用燃烧后捕捉法，即采用化学吸附剂吸收船舶尾气中的 CO_2 或者采用膜分离法分离尾气提纯 CO_2。其中，化学吸收法提纯 CO_2 纯度高但成本也高，膜分离法提纯 CO_2 经济性好但 CO_2 回收量低且纯度不高[46]。如何在兼顾成本的情况下提高 CO_2 捕捉率是当前研究的重点。

（2）船舶空间紧凑，而 CO_2 捕捉及存储装置占用空间大，如何在紧凑的船上空间里合理布置 CCUS 系统或者减小装置体积是实现船上碳捕捉应用的关键。其中，如何储存所捕集到的 CO_2 也是当前关注的重点。若以压缩气体的方式储存 CO_2，压缩机和压缩气瓶会占用船上大量空间；若以液态形式储存 CO_2，则冷却与液化工艺过程需要极高的能耗[46]。

（3）CCUS 技术的能耗及成本因排放源类型及 CO_2 浓度不同而存在明显差异。一般来说，CO_2 浓度越高，捕集能耗和成本越低。但船舶尾气成分复杂，CO_2 浓度较低，降低 CCUS 捕集能耗和成本对船上 CCUS 技术的推广应用非常重要。

（4）船上封存的 CO_2 需要配套的岸基卸载设施，配套岸基卸载设施建设也非常重要。保证输出的 CO_2 能与注入口的需求状态相匹配是船运 CO_2 在船端卸载时需解决的技术难点之一。

目前，受限于技术成熟度和经济性，船上 CCUS 技术还不具备与其他低碳技术的竞争能力，但从实现碳中和目标的整体减排成本来看，综合应用 CCUS 与低碳燃料、节能增效技术，是实现碳中和最经济可行的解决方案。一旦 CCUS 技术在船舶上得到成熟应用，将会对航运业低碳发展产生深远影响。

5.4.4 节能增效技术

节能增效技术主要包括两大类：一是传统节能技术，如船型设计改进技术、发动机能量回收技术、螺旋桨能量回收技术等；二是创新型节能技术，如船体表面减阻技术、风力助推技术等。需要特别指出的是，当综合应用多种节能增效技术时,其综合减排效果并不是多种技术的减排效果的直接叠加。

随着 EEDI 第 3 阶段的临近和 EEXI、CII 的实施,综合应用船型设计改进、发动机能量回收、螺旋桨能量回收、船体表面减阻、风力助推等技术,可进一步降低船舶 EEDI 值 5%～20%。其中螺旋桨能量回收、船体表面减阻、风力助推等技术也可应用于现有船舶,是新造船满足 EEDI 第 3 阶段乃至第 4 阶段、现有船舶满足 EEXI 和 CII 要求的有效手段,具有技术成熟度高、经济性好的优点,值得开展广泛的研究与应用。

5.4.4.1　船型设计改进技术

船型设计改进技术包括主尺度优化、船体线型优化、上层建筑空气阻力优化、降低空船重量的结构优化设计、船型与动力传动系统的匹配及一体化设计等技术。

船舶主尺度优化技术是在满足船舶航行运输要求的前提下,对船长、型宽、型深和吃水以及方形系数、浮心纵向位置等进行优化设计,使船体水动力性能达到最优效果,从而产生一定的节能效果。一般船舶主尺度优化设计可采用母型船法、统计法和经验法等,其优化效果取决于航速、装载量与总布置等因素的平衡。

船体线型优化技术通过对船体水面以下及水面附近影响船体兴波的线型进行优化,从而降低船体的静水阻力、波浪增阻,提高船舶的推进效率,通过减阻增效达到节能减排的效果。当船舶主尺度确定后,船体线型的优化要尽量满足船舶实际的营运情况,也就是要适应一定的吃水及航速范围,而不仅仅是考核设计吃水及设计航速下的油耗[47]。事实上,只要不是对船体参数过于严格的要求,如机舱及货舱位置调整、方形系数的限定等,在设计阶段可以通过优化船体线型获得最佳的船体水动力性能。

上层建筑空气阻力优化技术通过优化上层建筑的外形和布置形式,降低船舶航行时所受到的风阻力,通过减阻达到节能减排的效果。

降低空船重量的结构优化设计技术通过选用质量轻或强度高的新型复合材料、金属材料代替普通船用钢,或是在满足基本使用条件(强度、稳定性)的情况下,进行结构优化设计,提高材料利用率,减轻结构质量。

船型与动力传动系统的匹配及一体化设计技术通过对船舶的线型、主机及螺旋桨的一体化优化设计,使船-机-桨达到最佳匹配效果,从而产生一定的节能减排效果。

常用船型设计改进技术措施的应用效果见表 5-5。

表 5-5 常用的船型设计改进技术及其应用效果

序号	技术措施	应用效果	应用情况
1	主尺度优化	取决于航速、装载量与总布置等因素的平衡	广泛应用
2	船体线型优化	提高能效 1%~5%	广泛应用
3	上层建筑空气阻力优化	提高能效 0~2%	广泛应用
4	降低空船重量的结构优化设计	减少能耗 0~3%	广泛应用
5	船型与动力传动系统的匹配及一体化设计	提高能效 1%~10%	广泛应用

5.4.4.2 发动机能量回收技术

发动机能量回收技术包括低速机能量回收、中速机能量回收、燃气主机能量回收、机械布置和混合动力推进、燃料电池推进、锅炉废热回收、主机和辅机余热回收、选择性氧化还原等技术。

低速机、中速机、燃气主机能量回收技术都是通过回收发动机废热能量,实现发动机余热能的梯级利用来提高能源利用率并减少污染排放的。

机械布置和混合动力推进技术一般配备了两种或两种以上动力源作为船舶推进动力的系统,运用轴带发电机 PTO 模式可以将主机富余功率转换为电能供船舶使用,有效利用主辅机单位燃油消耗量的差值,可在一定程度上减少船舶燃油消耗,从而减少污染排放。

燃料电池推进技术通过氧化还原化学反应,使化学能转化为电能来带动电动机工作,从而减少污染排放。

锅炉废热回收技术通过回收锅炉废热能量,提高能源利用率并减少污染排放。

主机和辅机余热回收技术主要是回收主机和辅机余热能量,用于发电,提高能源利用率并减少污染排放。

常用发动机能量回收技术措施的应用效果见表 5-6。

表 5-6　常用发动机能量回收技术措施的应用效果

序号	技术措施	应用效果	应用情况
1	低速机能量回收	提高能效 2%~6%	广泛应用
2	中速机能量回收	回收轴功率的 0%~3%	广泛应用
3	燃气主机能量回收	降低 CO_2 排放达 0~22%（包括回收轴功率 0~13%）	有应用
4	机械布置和混合动力推进	应用吊舱对转螺旋桨的船舶，与传统的双轴、双桨船舶相比，推进性能可提高 0%~13%	有应用
5	燃料电池推进	提高能效 5%~10%	有应用
6	锅炉废热回收	减少能耗 0%~30%	有应用
7	主机和辅机余热回收	减少能耗 3%~6%	广泛应用

5.4.4.3　螺旋桨能量回收技术

螺旋桨能量回收技术包括同轴对转螺旋桨、自由旋转叶轮、导管桨、桨前节能装置、桨后节能装置等。

同轴对转螺旋桨是在螺旋桨推进轴线上，一前一后布置的旋转方向相反的两个螺旋桨。后桨能够吸收前桨尾流中的旋转能量，并将其转化为有效的推进动力，从而获得较高的推进效率；两个螺旋桨之间反向旋转，有利于船舶保持航向稳定性，并且对转螺旋桨的总桨叶面积较大，在吸收相同功率时其载荷比普通桨低，有利于避免空泡的产生。

导管桨由螺旋桨及其周围的导流管组成，利用导流管作用，可以增加推力，在满足航行需要的同时，实现节能减排的效果。

桨前节能装置一般安装在船舶去流段、尾轴出口附近的船尾区域，通过改善船尾流动分离及螺旋桨进流场，达到降低船舶阻力、提高螺旋桨推进效率等目的。典型的桨前节能装置有：

①伴流补偿导管，由左、右两个半环形的机翼型剖面导管组成，通常布置于船体尾部，可有效改善船尾边界层区域的流动，从而获得可提高推进效率的螺旋桨进流场；

②前置预旋定子，是一种安装在螺旋桨前方尾轴末端、由若干个沿周向布置的叶片组成的节能装置，可通过叶片组产生预旋进流来降低螺旋桨尾

流中的旋转能量损失；

③前置预旋导轮，是前置导管和前置预旋定子的组合体，一般安装在螺旋桨近前方，包含轴心偏置于螺旋桨桨轴上方的导管和分别与导管、船体连接而产生预旋流动的3~5片导叶。

桨后节能装置一般安装于螺旋桨后，通常工作在螺旋桨尾流中，通过回收螺旋桨尾流能量损失来达到节能的目的。典型的桨后节能装置有：

①桨毂消涡鳍，是在螺旋桨导流帽上加装与螺旋桨叶数相同的小鳍叶，以消除螺旋桨毂涡能量损失为目的的一种船舶水动力节能装置。

②桨毂消涡轮，是一种安装于螺旋桨后方且随桨一起旋转的新型水动力节能装置，主要由锥体、叶片、导管和轮毂4部分组成，可将螺旋桨毂涡打散、回收尾流能量、提高螺旋桨效率。

③后置定子，是在螺旋桨后安装一组固定的导流叶片，在前桨尾流的作用下，回收一部分尾流旋转能量来产生附加推力，从而提高推进效率。

④自由旋转叶轮，安装于螺旋桨后方，与桨同轴但旋转速度不同，可自由旋转，叶轮的直径比主螺旋桨的直径大，分为内外两部分：内半径部分为涡轮（类似水轮机），它在螺旋桨尾流作用下产生旋转；外半径部分为螺旋桨，它在旋转作用下产生附加推力。

⑤舵球，安装在正对螺旋桨轴心线的舵上，头部多数呈半球形，其直径约为所匹配螺旋桨轴直径的一倍，其纵向剖面为对称的机翼型，可以干扰桨毂后低压区，减少尾流收缩，阻止毂涡形成；⑥舵附推力鳍，是一种回收螺旋桨尾流能量的节能装置，安装于舵的两侧，其作用原理是使水流经过具有一定攻角的固定鳍而产生附加推力，提高推进效率。

常用螺旋桨能量回收技术的应用效果见表5-7。

表5-7　常用螺旋桨能量回收技术的应用效果

序号	技术措施		应用效果	应用情况
1	同轴对转螺旋桨		提高能效3%~8%	有应用
2	导管桨		提高能效1%~10%	工程船广泛应用
3	桨前节能装置	伴流补偿导管	提高能效2%~7%	有应用
		前置预旋定子	提高能效2%~5%	有应用
		前置预旋导轮	提高能效3%~8%	广泛应用

表 5-7(续)

序号	技术措施		应用效果	应用情况
4	桨后节能装置	自由旋转叶轮	提高能效 3%~7%	少有应用
		舵球	提高能效 1%~3%	广泛应用
		舵附推力鳍	提高能效 1%~3%	有应用

5.4.4.4 船体表面减阻技术

船体表面减阻技术主要包括两种:一种是船体表面空气润滑减阻技术,根据减阻机理及实现方式,可分为微气泡减阻技术、气层减阻技术等;另一种是船体表面涂层减阻技术。

微气泡减阻技术是通过特殊方式在流动物体壁面附近产生直径为微米级的小气泡,在物体表面形成一层薄的气液两相混合流,降低物体表面附近的流体密度和黏度、改变湍流边界层内流动结构,从而减小物体表面摩擦阻力,达到节能目的。

气层减阻技术是通过气层减阻装置,向船底喷入适量气流,在船舶底部形成并保持薄气层,使船底与水有效分离,减小船底湿表面积,从而显著降低船舶阻力的一种新型节能技术。其减阻机理是在船底形成一层 1~2 cm 的气层,将水与船底完全隔离分开,由于水与气体的黏性差异,使得船底被隔离部分的摩擦阻力可忽略不计,最终使得船体总阻力减小。

船体表面涂层减阻技术是通过船体表面涂敷的防污减阻涂料,使船舶航行过程中船体摩擦阻力降低,从而减少燃料消耗。

目前常用的船体表面减阻技术的应用效果见表 5-8。

表 5-8　常用的船体表面减阻技术的应用效果

序号	技术措施	应用效果	应用情况
1	微气泡减阻技术	提高能效 1%~6%	较多应用
2	气层减阻技术	提高能效 5%~15%	有应用
3	船体表面涂层减阻技术	提高能效 1%~6%	广泛应用

5.4.4.5 风力助推技术

风力助推技术是指在动力推进船舶上,在实际航行过程中根据天气情况采用风筝、风帆或转子等装置利用风能给船舶提供辅助动力，从而减少燃油消耗、实现节能减排的一项创新型节能技术，是有效降低船舶达到的 EEDI 值的方法之一。目前，日本、德国、芬兰、中国等国家都在积极开展风力助推节能技术研究和装置研发。

根据所应用的装置的不同，风力助推技术可分为风筝助推、风帆助推和转子助推等方式。其中，风筝是采用相当面积的受风装置承受风压，因风压的作用产生推进力；风帆是利用气流在特定装置的表面发生流场改变，从而利用气动学原理产生推进力；转子是利用气流通过高速旋转的圆筒时产生压力差的马格努斯效应产生推进力。它们的应用效果见表 5-9。

表 5-9　风力助推技术应用效果

序号	典型风力助推装置	应用效果①	应用情况
1	风筝	10%～35%[28]	有应用
2	风帆	10%～20%[29]	有应用
3	转子	5%～15%[30]	有应用

5.5 小　　结

目前，业内已就减少航运碳排放的三大途径达成共识，分别是：能源结构转型升级、碳捕捉封存和利用、应用节能增效技术。

能源结构转型升级主要是通过船用替代燃料应用研究和绿色动力装置与系统的研发来实现。船用替代燃料的应用需重点解决燃料供应、加注、储存、利用等环节中的技术问题及其可能带来的安全风险的控制措施。同时，需结合应用场景（如远洋、沿海、内河）、技术成熟度、法规完备性等，选择合适的替代燃料并开发相应的绿色动力装置与系统。

碳捕捉封存和利用技术已经在陆地上得到应用，在船上应用时，需要从提高 CO_2 捕捉率、减小装置尺寸、降低成本和能耗等方面优化船上 CCUS 系

① 应用效果为应用 2～6 套装置的综合节能效果。

统的应用性能,并逐步推广应用。

船型设计改进、螺旋桨能量回收等传统节能增效技术已经得到广泛应用,船体表面减阻、风力助推等创新型能效技术也正在逐步实现商业化应用。节能增效技术是通过提高能源利用率、减少能源消耗来实现减少排放的,不仅是满足 IMO 减排法规的需要,还能够降低船队运营成本,应用前景非常广阔。

发展绿色低碳技术、推动航运绿色低碳发展是我国践行"2030 年前实现碳达峰,2060 年前实现碳中和"国际承诺的重要方式,也是促进我国船舶工业转型升级的重要机遇。为促进我国船舶绿色低碳技术及产业发展,应该强化政府主导,加强绿色低碳技术的顶层策划,制定激励措施;强化基础研究,加快船舶绿色低碳技术革新;加大对绿色船舶产业支持力度,促进行业转型升级;打造绿色船舶配套能力和基础设施,促进绿色船舶行业"内外双循环"协同发展,提升行业核心竞争力和国际话语权,助力造船强国和海洋强国战略目标的实现。

参考文献

[1] 曹博. 韩造船业全面布局绿色船舶产业[J]. 船舶物资与市场,2019(2):3-5.

[2] 中国船舶工业行业协会. 韩国 2030 Green ship-K 推进战略系列介绍(一)[EB/OL].(2021-04-01)[2021-04-06]. http://mp.weixin.qq.com/s/OtAgFGLbyKkGP2YJOtOyvg.

[3] 中国船舶工业行业协会. 韩国 2030 Green ship-K 推进战略系列介绍(二)[EB/OL].(2021-04-02)[2021-04-06]. http://mp.weixin.qq.com/s/1bthZ2931yzRTHQTe_68rw.

[4] Shipping Zero Emissions Project. Roadmap to zero emission from international shipping [R]. Japan: Japan Ship Technology Research Association, 2020.

[5] 郑洁,柳存根,林忠钦. 绿色船舶低碳发展趋势与应对策略[J]. 中国工程科学,2020,22(6):94-102.

[6] Norwegian Government. The Government's action plan for green shipping

[R]. Norway: Norwegian Ministry of Climate and Environment, 2019.

[7] 刘昭青. 挪威资助 Topeka 项目着眼于首批零排放氢船舶[J]. 航海, 2021(1):28.

[8] Lloyd's Register, QinetiQ, University of Southampton. Global Marine Technology Trends 2030[R] London: Lloyd's Register, QinetiQ, University of Southampton, 2015.

[9] Lloyd's Register, University Maritime Advisory Services. Zero-emission vessels: Transition pathways [R]. London: Lloyd's Register, University Maritime Advisory Services, 2019.

[10] Lloyd's Register, University Maritime Advisory Services. Techno-economic assessment of zero-carbo fuels [R]. London: Lloyd's Register, University Maritime Advisory Services, 2020.

[11] Marine Environment Protection Committee. Initial IMO strategy on reduction of GHG emissions from ships[R]. London: MEPC, 2018.

[12] 交通运输部. 交通运输部关于推进水运行业应用液化天然气的指导意见[EB/OL]. (2013-10-23) [2021-04-06]. http://www.gov.cn/gongbao/content/2013/content_2547150.htm.

[13] 工业和信息化部. 工业和信息化部关于印发工业绿色发展规划(2016-2020年)的通知[EB/OL]. (2016-06-30) [2021-04-06]. https://www.miit.gov.cn/zwgk/zcwj/wjfb/zh/art/2020/art_5f9aec0cd5584b37999c837cfa10a411.html.

[14] 科学技术部,交通运输部. 科技部 交通运输部关于印发"十三五"交通领域科技创新专项规划的通知[EB/OL]. (2017-05-02) [2021-04-06]. http://xxgk.mot.gov.cn/jigou/kjs/201706/t20170607_2975321.html.

[15] 中共中央,国务院. 中共中央 国务院印发《交通强国建设纲要》[EB/OL]. (2019-09-19) [2021-04-06]. http://www.gov.cn/zhengce/2019-09/19/content_5431432.htm.

[16] 交通运输部. 交通运输部印发指导意见 推动交通运输领域新型基础设施建设[EB/OL]. (2020-08-07) [2021-04-06]. http://www.gov.cn/xinwen/2020-08/07/content_5532980.htm.

[17] 刘继海,肖金超,魏三喜,等. 绿色船舶的现状和发展趋势分析[J]. 船舶工程,2016,38(S2):33-37.

[18] 张信学,赵峰,王传荣,等. 绿色船舶技术发展战略研究[J]. 中国工程科学,2016,18(2):66-71.

[19] 黄国富. 绿色船舶节能减排技术的研发与应用[J]. 中国经贸导刊,2018(31):66-67.

[20] 中华人民共和国国务院新闻办公室. 中国交通的可持续发展白皮书[R/OL]. [2022-12-22]. http://www.gov.cn/zhengce/2020-12/22/content_5572212.htm.

[21] 王思佳. 国际海运减排"碳"路前行[J]. 中国船检,2021(2):11-15.

[22] 中国船舶工业行业协会. 2022 年船舶工业经济运行分析[EB/OL]. (2023-01-28)[2023-04-21]. http://www.cansi.org.cn/cms/document/18490.html.

[23] 魏梅,潘放,汪颖异. 2021 年世界船舶市场评述与 2022 年展望[J]. 船舶,2022,33(1): 1-18.

[24] 胡琼,曹锦,张旭,等. EEDI 新基线下我国三大主力船型的 EEDI 指标状况分析[C]//上海市船舶与海洋工程学会、安徽省造船工程学会、江苏省造船工程学会、浙江省造船工程学会. 第十七届长三角地区船舶工业发展论坛论文集. 上海:上海市船舶与海洋工程学会,2021:104-113.

[25] 胡琼,赵璐. 科技创新赋能绿色航运[J]. 科技纵览,2020(4):58-63.

[26] 焦念志. 研发海洋"负排放"技术 支撑国家"碳中和"需求[J]. 中国科学院院刊,2021,36(2):179-187.

[27] 康之闻. 全球第一艘节能"风筝船"[J]. 环境保护与循环经济,2008,(1):62-63.

[28] 冯恩德,陈顺怀. 中国沿海推广风帆助航技术的节能效果分析[J]. 武汉交通科技大学学报,1994,18(4):403-409.

[29] Marine Environment Protection Committee. MEPC 72/INF. 12—Participants comments provided in the Correspondence Group on EEDI review beyond phase 2 [R]. London: MEPC, 2018.

[30] 王林. LNG 动力船市场迎来爆发式增长[N]. 中国能源报,2022-02-

21(7).

[31] 中国船级社. 航运低碳发展展望 2021[R]. 中国船级社,2021.

[32] Rr-Ing. Sebastian Timmerberg, Tjerk Zitscher, Alexander Kirsten, etc. Substitutionspotenziale fur erneuerbares Methan bel schweren Lkw und Schiffen[R]. Technische Universitat Hamburg, 2021.

[33] 罗肖锋,吴顺平,雷伟,等. 船舶能源低碳发展趋势及路径[J]. 中国远洋海运,2021,(3):46-51.

[34] 甘少炜,雷伟,周国强. 甲醇:未来船用燃料[J]. 中国船检,2016,(8):90-94.

[35] 李小平. 高压缩比甲醇发动机稀燃特性的研究[D]. 长春:吉林大学,2017.

[36] 童亮,袁裕鹏,李骁,等. 我国氢动力船舶创新发展研究[J]. 中国工程科学,2022,24(3):127-139.

[37] 杨庆勇. 氢燃料在船舶上的应用分析[J]. 青岛远洋船员职业学院学报,2020,41(4):41-44, 59.

[38] 赵斐,张宏杰. 氢动力内燃机应用前景分析[J]. 中国资源综合利用,2020,38(6):72-74.

[39] 刘伟,王琮,郭娅,等. 氨燃料在船舶行业应用及标准需求研究[J]. 中国标准化,2021,(18):39-43.

[40] 王欣,江国和,吴刚. 船用发动机应用生物柴油排放特性研究进展[J]. 应用化工,2022,51(05):1389-1395+1402.

[41] 中国船级社. 船舶能源低碳发展趋势报告[R]. 中国船级社,2020.

[42] 孙玉伟,胡克荣,严新平,等. 新能源船舶混合储能系统关键技术问题综述[J]. 中国造船,2018,59(1):226-236.

[43] 杜睿,陈涛,翟毅. 船舶推进锂电池应用探讨[J]. 船舶,2018,(S1):146-150.

[44] 黄兴,石磊,卫卫. 船舶混合动力系统的发展与应用[J]. 船舶,2019,30(1):40-48.

[45] 金鼎. CCUS 技术在船上的应用前景[J]. 中国船检,2021,(2):24-27.

[46] 周伟新,黄国富. 船舶流体动力节能技术[M]. 上海:上海交通大学出版社,2018.